TOS

老照片

主编　冯克力

山东画报出版社

济南

图书在版编目（CIP）数据

老照片. 第148辑/冯克力主编 . — 济南：山东画报
出版社，2023.4
ISBN 978-7-5474-4532-7

Ⅰ. ①老… Ⅱ. ①冯… Ⅲ. ①世界史 - 史料 ②中国历
史 - 现代史 - 史料 Ⅳ. ①K106 ②K260.6

中国国家版本馆CIP数据核字（2023）第135466号

LAOZHAOPIAN DI 148 JI
老照片. 第148辑
冯克力 主编

责任编辑 赵祥斌
特邀编辑 丁 东 邵 建
装帧设计 王 芳
特邀审校 王者玉 赵健杰

主管单位 山东出版传媒股份有限公司
出版发行 山东画报出版社
　　　　社　　址　济南市市中区舜耕路517号　邮编 250003
　　　　电　　话　总编室（0531）82098472
　　　　　　　　　市场部（0531）82098479
　　　　网　　址　http://www.hbcbs.com.cn
　　　　电子信箱　hbcb@sdpress.com.cn
印　　刷 山东临沂新华印刷物流集团有限责任公司
规　　格 140毫米×203毫米　32开
　　　　　　6印张　108幅图　120千字
版　　次 2023年4月第1版
印　　次 2023年4月第1次印刷
书　　号 ISBN 978-7-5474-4532-7
定　　价 25.00元

目 录

陶曾穀与蒋梦麟的二婚爱情

张耀杰

2007 年 5 月，我在《时代教育（先锋国家历史）》第 20 期发表短文《蒋梦麟与陶曾穀的情爱传奇》，简单介绍了陶曾穀与蒋梦麟的二婚爱情，相关文字随后被录入文汇出版社 2008 年版《北大教授：政学两界人和事》之第一篇《北大教授高仁山的革命传奇》。十多年过去，许多文献资料逐渐浮出水面，尤其是《郑天挺西南联大日记》的整理出版和蒋梦麟

图 1 陶曾穀晚年照

1957 年日记的发现，足以证明蒋梦麟、陶曾穀虽然是二婚夫妻，但他们在公私事务方面却配合默契，高度合体。反观我的这篇在网络上广为流传的小文章，就显得既不准确也不完整，有必要重新进行补充改写，以便澄清各种写手的以讹传讹。

一、陶曾毂再嫁蒋梦麟

据高仁山和陶曾毂的孙子高扬先生告知，陶曾毂属猪，出生于1899年。1942年8月5日，郑天挺在日记中介绍说："孟邻师约食面，蒋太太生日也。"1945年8月5日项下另有"贺蒋太太生日"的记录。由此可知，陶曾毂出生于1899年8月5日，比出生于1894年的第一任丈夫、北大烈士高仁山年轻五岁，比出生于1886年1月20日的第二任丈夫蒋梦麟（孟邻）年轻十三岁。

高仁山出生于江苏省江阴县观音寺一个书香世家。十七岁时随在铁路局工作的父亲迁居天津，就读于南开中学。1917年春天自费赴日本早稻田大学专攻文科。在日本求学期间，与童冠贤、马洗凡、于树德、周恩来等人参与组织了以天津南开学校校友及天津法政学校校友为主体的新中学会。1922年底，高仁山从欧美访学回国，出任北京大学教授，协助教育学教授兼总务长蒋梦麟创办教育系。1925年6月，高仁山联合胡适、查良钊等学界名流创办北京艺文中学。

1927年9月28日，时任"北方国民党左派大联盟"主席的高仁山，被奉系军阀张作霖控制下的安国军政府以"加入政党、散发传单、有反对现政府之嫌疑"的罪名，予以逮捕。1928年1月15日，高仁山被枪杀于北京天桥，成为继李大钊之后被奉系军阀杀害的第二位北大教授，在他身后留下的是二十九岁的年轻太太陶曾毂，和三岁的儿子高陶、两岁的女儿陶燕锦。

这一年的3月9日，陶曾毂在上海《申报》刊登《征求高

图2 高仁山、陶曾毂夫妻合影。

《仁山先生文札》启事：

　　先夫仁山于1928年1月15日在北京惨遭不幸，曾毂抢地呼天，已绝生志。徒以雏孤在抱，先夫一生从事教育又多未竟之志，不得已不苟延喘息，藉慰先夫在天之灵于万一。海内知交如存有先夫遗文或讨论学术函札，万乞检

图3 高仁山、高陶父子合影。

点迅寄北京内务部街47号，以便整理，纂为丛著，毋任铭感。未亡人高陶曾榖启。

同年5月21日，刚刚出任私立上海中国公学校长的胡适在日记中写道："到大学院，领得中国公学二月份补助费三成，共一千元。又与端升、经农、赵述庭共商廿四日高仁山追悼会的程序。此事只三日了，尚未有预备。仁山夫人陶曾榖又因小孩生病前几天回无锡了。我不能等到此会，故催他们作点筹备。"

据上海《民国日报》1928 年 5 月 25 日报道，南京政府教育界于 5 月 24 日在中央大学体育馆举行在北京被杀害的教育家高仁山教授追悼会，到会各界人士五百余人。追悼会由蔡元培主持，他在致辞中表示，此次开会之重要意义，"在追悼高君，并欲继续高君之志，恢复高君精神"。之后由赵廼抟（字述庭，号廉澄）报告高仁山为国牺牲事略，孟宪承、周鲠生、陶行知、朱经农、杨杏佛以及北京艺文中学代表相继演说，末由高仁山夫人陶曾穀答词。

高仁山被捕后，奉系军阀还以艺文中学是"赤化窝巢"的罪名，将设在北京东城灯市口大街 72 号的这所私立学校强行封闭，部分学生被迫转到天津南开中学就读。1928 年 9 月 15 日，艺文中学在陶曾穀等人主持下租赁北平西城府前街的清代"升平署"重新开学。12 月 22 日，陶曾穀从北平致信上海方面的胡适说：

> 穀拟于年假赴沪一行，艺文补助费事尚未有如何办法，上周赴财部访叶叔衡先生，谓此事或许可以设法，因数目尚小。曾闻仁山谈及先生与叶君颇相知，特此奉函敬恳先生代为致函转托。

所谓"年假"，指的是 1929 年春节假。从北平南下上海、南京的陶曾穀，在时任教育部普通教育司司长朱经农的推荐下进入教育部担任秘书，这期间和教育部长蒋梦麟萌生爱意。关于此事，朱经农曾经写作一首古诗表示祝福："人间从此得知音，司马梁园一曲琴。千古奇缘称两绝，男儿肝胆美人心。"

这首诗录入台湾商务印书馆 1965 年出版的朱经农诗集《爱山庐诗钞》，朱经农的长子朱文长在为该诗所写注解中回忆说：

> 陶曾毂女士与先父继配净珊夫人婚前均在上海某私立中学任教。后陶嫁先父好友高仁山先生。……不久仁山先生成仁，曾毂女士携孤南来，净珊夫人迎之于南京，为之安置。先父乃介绍曾毂女士入教育部工作。时蒋孟邻（梦麟）先生为教育部长。日久双方乃发生情愫……孟邻先生离教部后，任北京大学校长，终不能克制情感，乃与陶氏成婚于北平。

"净珊夫人"指的是 1924 年 5 月 30 日与朱经农结婚的杨静山，也就是朱文长的继母。1930 年 12 月，蒋梦麟在国民党内部的派系之争中被迫辞职，被兼任教育部长的蒋介石改任为北京大学校长。陶曾毂随后回到北平参与管理艺文中学。1931 年 3 月，艺文中学在陶曾毂主持下，把高仁山的遗体正式安葬在北平西山卧佛寺东面的东沟村并刻碑纪念，碑文采用的是高仁山生前常说的一句话："身世悲壮，一丝不挂，无瞻前顾后之忧，乃能言救国，做救国事业。"

钱理群、严瑞芳主编的北京大学出版社 2006 年版《我的父辈与北京大学》，收录有蒋梦麟的儿子蒋仁渊、女儿蒋燕华及外孙女吴小燕撰写的回忆文章《蒋梦麟后嗣缅怀蒋梦麟》，其中谈到蒋梦麟于 1908 年自费去美国留学之前，与元配妻子孙玉书生育有一子蒋仁宇，另有一女夭折。1917 年留学回国后，夫妻二人先后生育次子蒋仁渊、女儿蒋燕华、幼子蒋仁浩。1933

年，正在读小学的蒋仁渊见到《姚江日报》刊载蒋梦麟与陶曾榖结婚的新闻，匆匆回家告知母亲，母亲只是喃喃地说："你爹变心了。"协议离婚的孙玉书依然留在浙江省余姚县回龙乡蒋村孝养公爹、抚养儿女。三子一女的教育费由蒋梦麟继续承担。

这里所说的 1933 年属于记忆错误，蒋梦麟与陶曾榖举办婚礼的准确时间是 1932 年 6 月 18 日晚上。我在《蒋梦麟与陶曾榖的情爱传奇》一文中引用了这一错误说法，导致包括马勇《蒋梦麟传》在内的几乎所有正式出版物都在以讹传讹，在此特别予以改错纠正。

1932 年 7 月 2 日，上海《申报》第 4 版刊登有这样一篇图文报道：

> 蒋梦麟与陶曾榖女士结婚后，万方注目，传为美谈；论者亦毁誉参半。按陶原为高仁山之夫人，系再醮；蒋曾经离婚者。此次婚礼极简单，蒋报告要点，谓"从爱情的义务中奋斗出来的一条生路"。胡适致词，极佩其勇敢，谓"可代表一个时代变迁的象征"。此种语气，颇可玩味。本刊新得蒋、陶俪影，爰为影印如下。

7 月 16 日出版的上海《生活画报》第 2 期封面，以"轰动一时的蒋陶婚姻"为标题报道了蒋梦麟与陶曾榖结婚的消息："前教育部长蒋梦麟与孀居之陶曾榖女士在北平德国饭店结婚由胡适博士（长衣者）证婚，一时传为美谈，咸谓其能打破旧俗成见（申报摄）。"

所谓的"万方注目""传为美谈""轰动一时"，不过是报

图 4 《生活画报》报道蒋梦麟、陶曾穀二婚所刊图片。

刊记者夸大其词的一种套话。中国社会对二婚夫妻历来抱有道
德偏见，蒋梦麟、陶曾穀选择晚上在北平德国饭店举办小规模
结婚仪式，显然是刻意低调以回避社会舆论的聚焦关注。

　　查阅《钱玄同日记》，只在 1932 年 6 月 17 日简单提到了
这件事情："晚访幼渔。在幼渔家闻蒋梦麟明日将与高仁山之
故妻陶曾穀结婚。"

　　6 月 18 日是星期六，钱玄同在日记中写道："午后至某海，
写齐任怡之'北风书店'匾字。晚访启明。"

　　"启明"就是和蒋梦麟、钱玄同、马幼渔同为浙江籍北大
同事的周作人。周作人在当天日记中写道："上午往历史博物
馆看洪承畴像，十一时往孔德学院开会，下午二时回家。废名
来，玄同来谈，十一时半去，携来为紫佩所书扇面。"

　　在此前此后的连贯日记中，周作人只字不提蒋、陶二婚。6
月 21 日，钱玄同在日记里提到为蒋、陶证婚的胡适，同样没有

提到蒋、陶二婚："晨八时半至适之，揩其汽车之油至燕大，（他与她）他要至燕大毕业式演讲，我是颉刚邀往赏午饭也。在颉刚家晤其叔起潜（名廷龙）……六时至西车站，今日钱、黎、幼、半四人赏陆氏夫妇也，并邀适之、旭生作陪。"

"钱、黎、幼、半"指的是钱玄同、黎锦熙、马幼渔、刘半农。"陆氏夫妇"指的是陆侃如、冯沅君。在北平学界的老朋友眼里，蒋、陶二婚并不是值得庆贺的事情；相比之下，陆侃如、冯沅君夫妇结伴去法国留学，反倒值得大家反复聚会表示祝贺。钱玄同于6月19日、21日、23日连续参加三场饯行宴会，周作人日记中也有6月19日中午因为大雨没有参加"陆侃如、冯沅君二君招宴"的记录。

2006年6月，北京中华书局从台湾远流出版公司引进署名苏文的《民国趣典》一书，易名为《晚清民国人物另类档案》出版发行。其中的《蒋梦麟：因爱亡友而娶其妻》写道：

> 蒋梦麟代理北大校长时，和教育系教授高仁山是莫逆之交。1927年10月，高仁山以参加政党、有反对北京政府之嫌，遭张作霖下令逮捕，不久遭枪决。高仁山死后，蒋梦麟对其妻陶曾穀照顾备至。当蒋梦麟的妻子病故后，他便与陶曾穀结为夫妇。婚礼上，蒋梦麟答谢宾客时表示："我一生最敬爱高仁山兄，所以我愿意继续他的志愿去从事教育。因为爱高兄，所以我更爱他爱过的人，且更加倍地爱她，这样才对得起亡友。"

所谓"蒋梦麟的妻子病故后"，显然是以讹传讹的道听途说。比这种说法更加离奇的还有另一种无根传言，说是胡适夫人江冬秀很为蒋梦麟的离婚再娶愤愤不平,竟然把充当证婚人的胡适锁在家中,逼得胡适只好从窗户逃出赶赴婚礼现场。像这样广为流传的流言蜚语,所折射出的其实是一种低级趣味的大众心态。蒋梦麟在婚礼上所说的"从爱情的义务中奋斗出来的一条生路",和胡适致词中所说的"极佩其勇敢",确实是他们有感而发的肺腑之言。

二、陶曾穀整合二婚家庭

在旧式妇女孙玉书不能出面维护自己的合法权利的情况下,蒋、陶二婚所面临的主要难题,是两家子女的重新整合。主持家务的陶曾穀,在这个方面堪称是尽心尽力。

蒋梦麟的长子蒋仁宇已经成年,他留学德国柏林大学获经济学博士学位,曾在扬州、无锡担任银行经理。1949 年之后任职于华侨事务委员会,后调至外文局担任德文翻译,1996 年在北京去世。

图5 高陶

1938 年,北京大学、清华大学、南开大学在昆明成立西南联合大学。蒋梦麟的女儿燕华、儿子仁浩和陶曾穀的儿子高陶、女儿陶燕锦先后来到昆明,就读于城郊岗头村的南菁中学。

1940 年 7 月 29 日,北大教授兼秘书长郑天挺在日记中写道:"晚饭后雪屏来谈,谓闻之仁宇,孟邻师夫人与燕华颇有口舌,心焉忧之。尝谓继室视前室子女之优渥，盖无逾蒋师母者，今亦有此不幸事，此余之所以不敢谈续娶也。"

这里的"仁宇"，指的是蒋梦麟（孟邻）和前妻孙玉书所生育的长子蒋仁宇，他在昆明逗留期间看到胞妹与继母之间的龃龉而心有所忧，于是就告诉了时任北大教授的陈雪屏。前妻之女和后母之间吵架拌嘴是中国家庭的常态，对蒋燕华和弟弟仁渊、仁浩已经极其优待的陶曾穀，也难能免俗。

比起蒋燕华、仁渊、仁浩兄妹来说，陶曾穀面临的更加严峻的家庭难题，是她的亲生儿子高陶所遭受的世俗偏见和舆论压力。1942年2月22日是阴历正月初八，郑天挺在日记中介绍说：

> 与逵羽、矛尘谈，知蒋太太前夫子高陶近患病。陶今年十八岁，四岁而父就义，八岁母改适，从祖父母居。年十四祖父死，复从母。孟邻师及燕华姐弟待之甚好，然社会上眼光不同，而同学间尤多讪笑。陶之郁结深矣。阴历年前大病，母在城失之照顾，不免又有伤痛，新年遂失常，喜言语。余初三日在岗头村尚与之久谈，未之察，翌日遂大闹，至前日益甚。昨晚竟至持杖欲殴母，彻夜不寐，高声咆哮。蒋太太忧惧无计，惟饮泣耳。或谓小银柜巷张多出售马宝，专医疯狂，遂与逵羽往访之，据其人云愈者多矣，姑购两包试之，携归才盛巷。

这里的"逵羽"是教务长樊际昌的表字，"矛尘"是校长秘书章廷谦的表字，他们两个人都是蒋梦麟的浙江同乡和贴身亲信。所谓"社会上眼光不同，而同学间尤多讪笑"，指的是

图6 高陶、汪听逸、高晏、高扬一家。20世纪60年代初摄于上海。

高陶因随母亲改嫁而被同学当作一种耻辱而加以歧视和嘲笑。"马宝"俗称马粪石，是马科动物胃肠中长出的结石，《本草纲目》的偏方中认为可以"治惊痫，毒疮"。

"才盛巷"指的是云南省政府主席龙云免费提供给北京大学办事处的一排二层砖木结构房子，这里也是蒋梦麟、周炳琳、赵迺抟等人在昆明城区的住家。2月25日，郑天挺在日记中写道："勉仲自石林归昆明，往才盛巷伴高陶。仁山之好友在昆明者，惟勉仲与逵羽耳。"

"勉仲"是高仁山在天津南开中学读书时的老同学、西南联大师范学院教授兼联大训导长查良钊的表字。2010 年 5 月 14 日上午，笔者到北京植物园参加高仁山烈士墓碑修复典礼及教育思想研讨会，见到了已经移民美国的高陶、汪听逸夫妇和他们的儿子高扬，高陶先生主动告诉我，他当年喜欢大声说话，并且喜欢私下里骂蒋介石是蒋秃子。有一天蒋介石、宋美龄登门走访，母亲陶曾榖担心他乱说话，只好把他锁在卧室里面。当时正是访问印度的蒋介石夫妇回国途中在云南昆明逗留期间，高陶的这番话恰好可以印证郑天挺日记的相关内容。

1942 年 6 月 27 日是星期六，郑天挺在日记中写道："今晚与勉仲、莘田共约孟邻师之女燕华、少子仁浩，月涵先生之女祖杉，矛尘之女淹，仁山之子陶，莘田侄女静娴，来靛花巷食饺子，燕华、淹、陶、祖杉暑假后入大学矣。星期二与勉仲谈应将仁山之生平及家事告之其子，勉仲韪之，故有今日之会。饭后杂谈甚欢，余并与高陶独谈甚久，至十时乃散。"

"莘田"是北京大学教授、西南联合大学中文系主任罗常培的表字。"月涵"是清华大学校长梅贻琦的表字。在查良钊、郑天挺、樊际昌等人的贴心关怀下，高陶慢慢解开了母亲陶曾榖再嫁继父蒋梦麟的心结阴影，逐渐融入了这样一个堪称典范的二婚家庭。

1942 年春天，蒋仁渊自上海交通大学辗转来到昆明，借读于西南联大，当年暑期到重庆交通大学复学。这一年的夏天，蒋燕华考入西南联大外语系，高陶入重庆交通大学土木系，仁浩入李庄同济大学附中。到了 1949 年，蒋梦麟赴台时只带走了小女儿蒋燕华，三个儿子都留在大陆。高仁山和陶曾榖的儿子高陶是成都的一名工程师，女儿陶燕锦在美国华盛顿的一家银行工作，女婿林诚明是美国海军研究所的核潜艇专家。这些异

图 7　陶燕锦、林诚明和三个女儿在美国。

姓兄妹及其后代在此后的岁月里即使天各一方，也一直保持着各种联系。据高扬回忆说："1975 年陶燕锦夫妇由美返国探亲，我与未婚妻陪同他们去京，他们住北京饭店，我们住蒋仁宇伯伯家。唯有的一次见他们家人，仁宇伯伯问我你们住一起有没有结婚证书？我一直记得。"

三、岗头村的邻里闹剧

中华书局 2012 年出版的何炳棣著《读史阅世六十年》，记录有郑天挺的一则轶事，抄录如下：

> 郑先生另一轶事年月已记不清，但应发生于我 1943 年春返回昆明之后。1940 年因日机频频来袭，北大在东北郊离城五公里多的岗头村盖了一所平房，为蒋梦麟校长疏散之用。此外在阶下另一大院里盖了七间平房，另加一大厅及小间房以备紧急时北大同仁暂避之用。吴大猷先生对北大岗头村这所大院在空袭频仍岁月里，拥挤、紧张和教授多家之间时或不能避免的"摩擦"有极生动的回忆。我返昆后，日本空袭频率大减，美国"飞虎"空军大队扬威，人心大定。想象中岗头村的北大大院应远不如初期那样拥挤，可是人事方面摩擦仍是不免。盛传蒋梦麟夫人陶曾穀女士与北大同仁及家属不睦，与周炳琳个性上冲突尤烈。因此双方都向秘书长（郑先生始终是北大秘书长，在联大是总务长）抱怨，要求大院与蒋寓之间筑一高墙，互相隔绝，永避冲突。郑先生一再调解无效，最后只好同意搭墙；墙确是搭了，但只搭到一尺多高便停工了。无论双方如何施压，郑先生也不把墙搭高。不到半月，双方羞愧难当，不谋而合地又要求秘书长把这道碍眼的矮墙拆除了。

查阅中国友谊出版公司 1984 年出版的吴大猷《回忆》，其中并没有提到这则筑墙轶事，对于教授多家之间的"摩擦"也只是一笔带过，所谓"极生动的回忆"，无非是吴大猷对于丧偶之痛的恩师饶毓泰的顶撞伤害。对照查勘《郑天挺西南联大日记》，不难发现何炳棣是在虚构编造美丽的谎言。

发生在岗头村公共宿舍的邻里闹剧，起始于 1941 年 3 月 29 日晚上，也就是蒋梦麟赴重庆办事的第二天。法学教授戴修瓒（君亮）家的女仆泼水于地，蒋梦麟的专车司机老徐路过时不慎滑倒，与该女仆发生口角。物理系主任饶毓泰（树人）责备老徐不要吵闹，老徐不服并报以恶声，引起曾经担任南京政府教育部常务次长的经济学教授兼校务委员周炳琳（枚荪）、经济系教授赵迺抟、生物系教授张景钺等人强烈不满。

3 月 30 日上午，北大办事处总务包乾元和老徐本人先后向郑天挺说明情况，老徐主动提出辞工要求，被郑天挺当面挽留："校长方赴渝，不得即去，待校长返昆再谈。"

当天下午 3 时，张景钺带着周炳琳的书信来到郑天挺办公室。周炳琳在信中写道："昨晚 9 时左右，校车司机老徐与某家女仆发生口角，高声骂人，在院中来往叫嚣，历数分钟不停。树人兄不耐嘈杂，启门责诫，该司机不服制止，反报以恶声，竟谓'不吃你们的饭，你们管不着'。因此激动公愤，认为北大办事处应即革退该司机而另行雇用。此事发生于孟邻先生不在此之时，为曾毅夫人招致不便利，并在兄百忙之中为添麻烦，同人自然抱歉，然为事势所驱，不容已也。"

3 月 31 日下午 3 时，陶曾毂找到郑天挺，说是"村舍同人有意与之寻衅，非专为车夫也"；假如学校一定要辞退老徐，她就花私人的钱继续聘用。

4 月 4 日，老徐回到岗头村，再次引起周炳琳等人的公愤。郑天挺担心出事，于 4 月 6 日星期天下午步行来到岗头村，给周炳琳、饶毓泰、张景钺等人当面解释："盖恐诸人归咎蒋太太，更生枝节，贻人话柄。……为此小事，半日之间往返二十里，自愧，亦复自伤。"

4月10日，郑天挺收到蒋梦麟4月3日从重庆寄出的书信，其中写道："此次司机与院中同人冲突，闻之心甚不安。曾觳受刺激太深，如愿来重庆小住数月，亦是散心之法。弟思岗头村杂居局面，不可以久。请属工将两院隔开，另开前后两门。汽油库应隔过来。"

关于司机老徐，蒋梦麟的处理意见是："司机暂避，工资等应照发，外面可说已走了。弟并非惜一司机，实在找人不易。一两月后再回来，同人气已消。况院子已隔，不致再发生冲突。如彼时再相迫，则弟可挂冠以去。德薄能鲜，学校不能办矣。但现在不可不顾同人之面子，恐外间将以弟重车夫而薄同人也。"

正如护妻心切的蒋梦麟所说，这场闹剧的主要症结，是几位教授为了"面子"而小题大做，表面上是与汽车司机赌意气、拼身价，事实上是向蒋梦麟夫妇发泄各种积怨和不满。

4月20日是又一个星期天，郑天挺和罗常培（莘田）一起步行来到岗头村，周炳琳再一次抬出饶毓泰的老资格和高身价向郑天挺施压："枚荪以司机事为言，主速去之，谓树人意在北大八九年，不如一司机之重。此非也。"

4月21日，郑天挺收到周炳琳写于19日的来信，其中严重警告说："革退司机事，望速办。据弟观察，如俟至孟邻先生回来后，仍发见此人开北大校车，可因小事为吾校招致极不利之大事。……至曾觳夫人不明事理，同人等自存惋惜之心，然不能听其害事也。"

郑天挺在回信中表示说："此事弟非在拖延，盖求所以尊敬同人、爱护学校之道，不幸而措置不当，愿独负其咎。前日与兄谈，将此事交之学校，不使牵涉，亦此意也。"

在同一天的日记里，郑天挺记录了和周炳琳关系密切的经济系教授赵迺抟的各种恫吓及挑拨："包乾元来，谓廉澄向之探询余对司机事件之意向，并有危词恫句。昨日与莘田步归，莘田亦云廉澄向之探询，然廉澄与余久谈，并无一语及此。……不知其果何心意。"

4月22日，包乾元按照郑天挺的指派，带领工匠到岗头村勘察施工现场，遭到周炳琳等人阻挠。下午3时，周炳琳找到郑天挺，说是自己上午和陶曾榖之间"又有误会"。郑天挺开诚布公地表白说："同人意见直述于学校，其道最善。余所最惧者，同人有所见，不以告之学校而窃议于后，阴黠者复造作莫须有之词以耸人听也。"

所谓"阴黠者"，显然是指赵迺抟一类人。周炳琳离开后，陶曾榖来找郑天挺，郑天挺这才明白自己也变成被攻击谩骂的目标对象："乾元始至公舍，令工计议。廉澄出而询问，遂以告之大獻。始而高声咆哮，继而痛诋余。枚荪复至上房，向蒋太太质问，状甚严肃，双方言语均甚愤激。蒋太太言时竟至泪下，意欲移出公舍。"

在代行校长职责的郑天挺眼里，对抗夫妻合体的蒋梦麟、陶曾榖，就等同于对抗学校。按照这种逻辑，自以为代表诸多教授并且为"吾校"着想的周炳琳的各种警告恫吓，以及赵迺抟的"高声咆哮，继而痛诋"，自然就失去效用。

到了5月30日，郑天挺在日记中写道："孟邻师今日归，而不知飞机确来之时，既无车，复无住所，心急之至。"

于是，郑天挺在才盛巷和航空公司之间奔走辗转几个来回，一直没有见到蒋梦麟夫妇的影子。郑天挺在此后一段时间忙于准备和梅贻琦、罗常培一起外出进行为期三个多月的教育考察，他的1941年度的日记就此停笔。随着蒋梦麟回到昆明，周炳琳等人聚众发起的一场小题大做、拱火泄愤的邻里闹剧，也就此停歇。

行文至此，不难发现何炳棣《读史阅世六十年》的相关回忆，至少存在这样几处明显错误：

其一，陶曾毂和北大教授的邻里纠纷发生在1941年，而不是"1943年春返回昆明之后"。

其二，在北大岗头村宿舍修建隔离墙是北大校长蒋梦麟的决定，而不是当事双方的一致要求。

其三，隔离墙还没有施工就被周炳琳、赵迺抟、吴大猷等人出面制止，何炳棣所谓"只搭到一尺多高便停工"，纯属子虚乌有。

其四，何炳棣由此得出的"只有毅生先生才具有儒、道两家智慧的结晶"的评判，是站不住脚的。

四、蒋梦麟离开北大

1944年12月，蒋梦麟赴美国出席太平洋学会国际会议，任中国代表团首席代表兼中国分会会长，在美国逗留了大半年时间。1945年6月20日，蒋梦麟和宋子文一起乘坐专机直飞重庆，没有按照一部分北大教授的意愿在昆明中转停留，从而引起他们的强烈不满。

6月22日，郑天挺"作书上孟邻师，托蒋太太明日带渝，书谈三事：一、同人属望甚殷，此次回国未能先到昆明，应来书向同人有所表示；二、为将来复校方便计，联大以仍用委员制为宜；三、提胡适之师为继任人"。

6月27日，重庆《大公报》刊载新任行政院秘书长蒋梦麟的访谈："近两年来因兼红十字会方面职务，致西南联大校务多偏劳梅贻琦先生。今后虽暂在中枢服务，仍拟不时回昆小住，共策校务进行。"

6月28日，郑天挺在日记中写道："枚荪于师此次就任前未能先将北大事作一安排深致不满，以为今后北大应由胡适之师主持，孟邻师不宜更回。余甚忧之。"

6月29日，郑天挺收到蒋梦麟于27日寄出的回信，表示北大参与联大的事情由周炳琳代理，北大内部的事情仍然由郑天挺负责。6月30日是星期六，郑天挺把蒋梦麟的回信拿给钱端升、张景钺、周炳琳等人阅读。周炳琳建议在教授茶话会上交给大家公开传阅。郑天挺在日记中记录了当天下午的会议情况：

> 四时半开会，以函传观。枚荪主席，报告今日开会之意有二：一学年末聚会；二校长就任行政院秘书长，予学校以很大波动，同人如有意见，七月三日往渝可以转达。……今日到会二十八人，最激忿者枚荪、之椿，而廉澄附之，次之则锡予……余见子水所记今日记录，于"将今日会场情绪转达"之下有"以示责备之意"数字，提出抗议，以为与事实不符，同人并无此意，枚荪乃改之。

所谓"同人并无此意"，是郑天挺对于蒋梦麟的偏袒维护。周炳琳、吴之椿、赵迺抟、汤用彤（锡予）、毛子水等人的"激怼"发言，明显表达了对于蒋梦麟的"责备之意"。经过一番争执，会议形成两项决议：一，由周炳琳、钱端升、郑天挺电请胡适先生回国领导学术工作；二，委托周炳琳将会场"情绪"转告给蒋梦麟。

奇怪的是，在自己主持的会议上公开表示"同人如有意见，七月三日往渝可以转达"的周炳琳，却在第二天找到郑天挺，请他代寄一封检讨的书信给蒋梦麟，说是"昨日之会发言过多，愤懑之情，不能自遏，于事无补，罪大恶极云云。又谓出处之间不能照顾大体，只能顾小节，故自下年脱离北大"。郑天挺和文学院院长汤用彤劝说无效，周炳琳匆匆离去。汤用彤转而劝告郑天挺说："昨日会后流言必多，枚荪再言辞或将传为求起，此信不为之转，当自寄。"

所谓"出处"和"求起"，指的是表面上爱校心切的周炳琳隐藏在内心深处的功利算计。周炳琳是1919年五四运动时期的风云人物，担任过全国学生联合会秘书，编辑过《全国学生联合会日刊》，多少年过去，他处理公私事务的基本态度依然是高调泄愤、冲动走极端。到了1948年，中共地下党组织的一份手写档案材料，对周炳琳的为人有过这样的概述："周炳琳——浙江人，五十余岁，国民党员，参政员，失意政客。现任法学院长兼法律系主任、经济系教授。……是一个为了达到目的不择手段的人。时而为了迎合学生们的心理，发一顿牢骚；时而又为了将来好做大官，变成了一个极反动的人。"（北京市档案馆藏：《国立北京大学概况》，档案号24-1-220。）

1945年7月3日，郑天挺在日记中记录了相关的流言蜚语："昨日雪屏言，其助教某自靛花巷饭厅闻知星期六北大开会大骂蒋校长，议决请其辞职。又云锡予向曹日昌言蒋校长已作多年，可以换换了云云。此类流言从何而来，亦不可解。"

8月6日，蒋梦麟返回昆明，第二天在才盛巷召集会议，报告在美接洽情形及在纽约得宋子文电话相约共同返国，以国事私交胁之同机飞还之经过，然后公开辞职说："依大学组织法，校长不能兼任，法系在教育部时所自定，不能自毁，故决定辞职。继任已定胡先生，在未返国以前，必由校内之人代理。"

9月3日，教育部长朱家骅（骝先）致电滞留美国的胡适，通知说已经推定其为北京大学校长，回国之前由傅斯年代理校务。

9月14日，江冬秀的堂弟江泽涵在致胡适信中介绍说："梦麟先生做官而兼校长，几全体不赞成。……一个最重大的原因，是校长避免与教授接谈，当然与学生更无关系。蒋校长绝对不看教授，教授也只极少数去看他。只有一个校务会议，起初不选举代表，被教授逼迫多时，选出代表，但不肯开会。好像每年有两次会，就算稀有的事。开会时总设法阻止多谈。校长从远处回来，有时有个茶会，或校庆时有茶会，但在这种会中，毅生兄总做出难堪的样子，叫人唱戏或想别种办法闹一阵而散。这种情形过去特别显著，近一两年好些。所以有人说蒋校长当红十字会长后，精神好多了。盼望他做更大的官，精神可以更好些。"

接着这段话，江泽涵推演出两项"原因的原因"，其一，是蒋梦麟的夫人"与多位谈不来（有警报时他们与枚荪兄、树人师、景钺、今甫兄在乡下同住一院子。我幸而在另一乡下）"；其二，是郑天挺"遇事敷衍对付，他是管理北大一切事务的人"。

10月17日，傅斯年在致胡适信中采用简单片面的有罪推定，把北大易长风波的主要罪责归咎在陶曾毂身上："北大的事，是因孟邻先生到行政院起来的。他这几年与北大教授们感情不算融洽，总是陶曾毂女士的贡献。大家的心理是'北大没有希望'。我为这事，曾和孟邻先生谈过好多次。他总是说，联大局面之下，无办法，一切待将来……我真苦口婆心劝他多次，只惹得陶之不高兴而已。他答应到行政院，事前绝未和北大任何人商量过，到此地亦若干日与北大同人无信（过昆，飞机未停），我劝他赶快回去一看，也未能做到。于是昆明同人吵起来了。"

傅斯年在检讨自己一方"枚荪做得太过火，连累及我，我做得太直爽，累及骝先"的不当表现的同时，依然忘不了针对陶曾毂进行有罪推定："孟邻先生最初态度甚好，近反若有所芥蒂，大约又是陶曾毂的把戏。也许因为行政院已经无趣了，故心理如此（陶却最高兴）。"

五、蒋梦麟的晚年情变

蒋梦麟离开北大后，在行政院秘书长的位置上维持了不到两年时间，于1947年3月1日随行政院院长宋子文一起辞职。

1948年4月，美国国会通过援华法案，其中的第407条款接受中华平民教育运动领导者晏阳初的建议，列入中美合作复兴中国农村的内容。中美两国政府随后签订《中美经济协助协定》，并于10月1日在南京成立简称"农复会"的中国农村复兴联合委员会。农复会作为中美两国政府联合设置的办事机构，由专门委员会领导管理，设五位委员，中方三人，美方二人，分别由两国总统独立任命。首任中方委员为蒋梦麟、晏阳初、沈宗瀚，美方委员为穆懿尔（Raymond T. Moyer）和贝克（John Earl Baker），蒋梦麟为主任委员。援华法案明确规定美国对华援助资金总额的百分之十为农复会专款，农复会实际负责统筹规划农业经济和农村发展的大政方针，蒋梦麟也因此找到了他后半生的立足点位。

农复会成立后，试图帮助国民党在国统区农村建立示范中心，如四川省第三行政区的平民教育运动中心、浙江杭州的农业推广及家事指导中心，以及福建龙岩县区的国民政府土地改革示范中心。农复会在大陆的短暂工作虽然没有改变国统区普通农民的生存状况，也不能挽救国民党的失败命运，这些尝试却为其后在台湾开展工作积累了实践经验。

农复会迁台后，蒋梦麟作为"国民政府"委员、"中国农村复兴联合委员会"主任委员，致力于改善农民生活，增进农民福利，提倡"四健"教育和节制生育。1958年，他还兼任台湾石门水库建设委员会主任委员，同年当选菲律宾政府举办的麦塞塞奖金政府服务部门第一届得奖人。正当蒋梦麟的事业步入佳境的时候，陶曾穀于1958年5月因病去世。

陶曾穀晚年受洗成为基督徒，并且积极协助宋美龄从事教会的公益慈善事业。她去世前预料蒋梦麟会出现感情上的空虚和寂寞，交代自己的一位表亲为蒋梦麟说媒续弦。1959年，蒋梦麟在圆山饭店的一次宴会中和徐贤乐一见钟情，第二天就主动给媒人打电话说："那位徐小姐太好了，脾气温柔，尤其是风度真好，太好了，太好了！"

徐贤乐于1908年出生于江苏无锡的名门世家，时年五十二岁，与七十四岁的蒋梦麟相差二十二岁，40年代与陆军中将杨杰（耿光）有过七个月的短暂婚姻，1949年到台湾后，一直在

"中央信托局"工作。

蒋梦麟与徐贤乐经过四五个月交往，已经发展到难分难舍的地步，他逢着相熟的人就说自己的体重增加了四磅。有一次，徐贤乐为了一点小事与蒋梦麟闹别扭，蒋梦麟就用毛笔在精致的日本绘画卡片上抄写宋人顾夐的《诉衷情》表白相思："换我心，为你心，始知相忆深。"

1961年初，蒋梦麟郑重宣布要与徐贤乐结婚，遭到几乎所有亲友坚决反对。6月18日是蒋梦麟和陶曾穀结婚二十九年的纪念日，胡适在写给蒋梦麟的长信中表示说：

> 这十天里，我听到许多爱护你、关切你的朋友的话，我才知道你的续弦消息真已引起了满城风雨，甚至于辞修（陈诚）、岳军（张群）两先生也都表示很深刻的关心。……这些朋友说：这位小姐现在对待孟邻先生的手法，完全是他从前对待她的前夫某将军的手法，也是她在这十七八年里对待许多男朋友的手法：在谈婚姻之前，先要大款子，先要求全部财产管理权。……我昨晚细细想过，今天又细细想过：我对我的五十年老友有最后忠告的责任。我是你和曾穀的证婚人，是你一家大小的朋友，我不能不写这封信。

7月18日，蒋梦麟不顾众人反对，在徐贤乐的侄女婿陈能家里秘密举办家庭婚礼，临时邀请郑曼青、居浩然分任双方介绍人，证婚人是律师端木恺。当天下午，蒋梦麟偕徐贤乐经石门水库前往台中，由周至柔出面为他们设宴庆贺，当晚入住在日月潭新建筑的"教师会馆"。

图8 顾维钧夫妇前来看望新婚燕尔的蒋梦麟、徐贤乐（右二）。

　　蒋梦麟在婚礼当天给女儿燕华写信说："自妈妈逝世以来，于兹三载。精神上之苦痛，一言难尽。自识徐女士以来，于精神上之补助颇多。故诸事之兴致日浓。惜谣言蜂起，众口铄金，而阻力遂起。父女之爱，亦良足贵，但究不能代夫妇之爱。……我常能见人之不及见，行人之不敢行。我自能断能行。故为图自救计，毅然决然与徐女士结婚……"

　　这里的"妈妈"指的不是蒋燕华的亲生母亲孙玉书，而是继母陶曾穀。

　　1962年12月6日，蒋梦麟不慎跌断腿骨，入台北荣民总医院手术治疗。徐贤乐背着蒋梦麟向石门水库借支一万元，又为小事与蒋燕华、樊际昌（逖羽）等人拍桌谩骂，还将自己的户口从蒋家迁出，甚至把行李搬回"中央信托局"自己原来的宿舍。更使蒋梦麟难堪的是，徐贤乐直接干涉农复会的公共事务，要求蒋梦麟的同僚好友沈宗瀚的夫人沈刘廷芳迁离宿舍。蒋梦麟愤懑之下，出院之后不再回家，并于1963年1月23日即旧历腊月二十八日写下《分居理由书》，由端木恺律师交给徐贤乐。

7月30日，蒋梦麟正式向台北地检院提出离婚诉求："被告对原告亡室陶女士本不相识，竟对亡者不时肆意辱骂，不准原告前往其墓凭吊，企图绝我忆念。对女儿燕华，则百般凌辱，迫令迁出，其行为乖张，难以枚举。"

徐贤乐在8月9日提出的万言书中进行了辩驳，关于"侵渎先室"一节，她翻出了蒋梦麟曾经婚内出轨的一笔旧账："按原告'先室'不止一人，原告昔年在南京任教育部长时，陶曾穀原为原告秘书，当时原告固以使君有妇，而亦与陶女士双双坠入爱河，结果原告与元配夫人分居，陶女士则下嫁原告。故原告此所谓'先室'究指何人，已滋疑义。"

1964年1月23日，在陶希圣、端木恺主持下，蒋梦麟与徐贤乐协议离婚，协议内容共有三点：

> 由蒋梦麟付出赡养费五十万元给徐贤乐；
> 徐贤乐现住所之农复会房屋应迁出交还，一切家具留下；
> 徐贤乐所拿去之股票及存款，均应交还；
> 至于首饰等物，则交徐贤乐所有。

六、蒋梦麟、陶曾穀的夫妻合体

经过为期三年的一场情变，蒋梦麟元气大伤，于1964年6

图9 蒋梦麟、陶曾穀墓葬。

月19日因肝癌病逝,终年七十八岁。6月23日下午,蒋梦麟的灵柩被运送到阳明山公墓与陶曾穀合葬。该墓地是陶曾穀生前购置,在墓葬一侧的书型大理石雕塑上,刻写着中英文对照的诗句:"时移花凋,新意新姿,都也去了,爱情长存。"

离婚后的徐贤乐一直寡居,2006年1月10日以九十八岁高龄离开人世。"中央信托局"工作人员接收房屋时,在床铺底下发现一个纸袋,里面有徐贤乐与蒋梦麟的合照、与蒋梦麟打离婚官司时的档案资料、写给宋美龄等人的中英文信件,还有首页以英文写着"Chiang Monlin 1957"的一本蒋梦麟日记。

蒋梦麟在日记中记录了陶曾穀1956年被诊断为肾盂癌之后出现发高烧、小便出血之类的病情,以及夫妇二人的各项活动。摘录如下:

1月20日（周日）："午前偕縠赴怀恩堂礼拜，并谒思亮、雪屏、大猷诸君，同縠赴圆山饭店午饭，今日为余七十一生辰，陈辞修副总统、俞院长、严主席、张岳军均来贺。晚农复会同人在自由之家晚宴。"

4月21日（周日）："晨偕縠投票选举台北市长及省议员，傍晚看电影。"

6月18日："今日为縠与余结婚廿五周年。"

7月10日："曾縠赴医院谒姜大夫，经检验据云成绩甚好，大致可无虑。自去年十一月二日动手术至今计八个月八天，在此期间不知经过了多少忧虑和紧张心绪。"

种种迹象表明，蒋梦麟、陶曾縠夫妇虽然是二婚夫妻，他们在公私事务方面配合默契，高度合体，堪称男女爱情之典范。

1937年底至1938年初，北大师生响应政府征召纷纷南下，在湖南长沙设立临时大学。1938年1月8日，郑天挺在日记中写道："晚蒋夫人召在家饮馔，孟邻师以昨晨往汉口，今日由夫人设馔，为莘田、雪屏、建功诸人洗尘。座中有杨今甫（振声）、秦缤略（瓒）、王霖之（烈）及矛尘、濯生、廉澄。"

1938年10月，陶曾縠没有听取蒋梦麟、郑天挺的劝告，冒着中日战争的炮火从上海前往北平处理艺文中学的公事并处置私家财产。郑天挺在10月19日的日记里由衷地赞叹说："蒋太太来，初自平归。据谈沿途平安，不如传者之甚。此次在平，将房屋租出，汽车卖去，什物带来并招待茶会一次，吾辈须眉能无愧死。请蒋太太至味雅便饭，即归。"

这里的"蒋夫人""蒋太太"，指的都是陶曾縠。1940年6月18日，郑天挺介绍说："孟邻师约晚饭。饭后始知为师结婚纪念日，因定明日与逖羽、矛尘公宴以贺。"

由此可知，在蒋梦麟缺席的情况下，作为校长太太的陶曾谷是可以直接出面处理一些公私事务的，其办事能力让善于协调复杂关系的郑天挺自愧不如。在聚居昆明郊区岗头村之前，蒋、陶夫妇与北大教授之间的关系整体上是融洽的。蒋梦麟是具备比较高超的行政能力的一个人，固守北大校长的职位并不是他的全部志向。他于1945年适时离开北大，在某种程度上是一种解脱，同时也是对于他的家庭以及后来的农复会的一种成全。蒋梦麟领导的农复会对于台湾社会的直接和间接的贡献，是当年的学界人士胡适、傅斯年、周炳琳、郑天挺以及他们所在的学术教育机构所不能替代的。

岗头村的邻里闹剧和北大的"易长风波"，本来是可以通过心平气和的交流沟通寻找到一种解决方案的，当事一方的周炳琳等人大可不必采用极端态度拱火挑拨、群起围攻。他们表现得那么慷慨激烈，主要不是因为蒋、陶夫妇不明事理，反而是他们自己虚荣爱面子的复杂心理在作怪。单就当年发挥过决定性作用的傅斯年来说，他确实称得上是克己奉公、热爱北大的道德模范，作为校长太太的陶曾谷也难免有自己的一份罪错；但是，不在事发现场的傅斯年偏听偏信周炳琳等人爱校心切的一面之词，基于传统读书人视红颜为"灾星""祸水""替罪羊"的男权思维，把整个北大长期积累的各种制度问题和人事恩怨，全部推卸到并没有主动攻击任何人的陶曾谷身上，无论如何是不公正、不理性的。

（图片由高扬先生提供）

1949年徐悲鸿与江丰的会面

王　涵

1949年1月31日（正月初三），经历四十八天围城后，古都北平迎来了和平解放。两天后，北平市军管会由河北良乡（今属北京）迁至北平城内办公。

负责接管国立北平艺术专科学校（简称"北平艺专"）的，是军管会下属文化接管委员会文艺部美术教育处工作二队。这个工作队对外又称"华北大学美术工作队"，由艾青、江丰领导，成员主要是解放区华北大学第三部美术科的师生。1948年12月16日，当华北野战军、东北野战军完成对平津地区的合围之时，他们即接到命令，由学校所在地河北正定，急行军三百多里抵达北平西南的良乡县城。经过一段时间的培训，于1949年2月2日晚11时，在江丰带领下，乘坐两辆卡车开进北平城。

第二天上午，解放军在正阳门箭楼举行了盛大的入城式。北平城万人空巷，市民们纷纷涌上街头迎接解放军。北平艺专的教授们也行动起来，他们在临街房屋的墙壁上画起了解放军的壁画、宣传画，学生们则爬上解放军的坦克欢呼雀跃，还相互在衣服背后写上"天亮了"。北平军管会主任叶剑英在庆祝大会上发表了激动人心的讲话："我们今天，在自由的天空、自由的城市，庆祝人民自己的伟大胜利！"

　　下午，北平艺专校长徐悲鸿来驻地看望工作队，这时工作队住在草垛胡同 12 号，这是一座紧邻故宫的宽敞院落。一进大门，徐悲鸿就看到一个身穿黄绿色军装、佩戴着军管会蓝白布臂章的小姑娘，正在院子当中作画。徐悲鸿驻足观看了一会儿，对小姑娘和蔼地说道："你画得很好，以后可以到北平艺专来深造。"

　　图 1　1949 年，华北大学美术工作队在北平草垛胡同驻地合影。前排：右一王朝闻、右二罗工柳、右三胡一川、右四王式廓；二排：左三江丰、左五卫天霖、左六吴劳；三排：左一彦涵、左三林岗。（中央美术学院校史馆供图）

这时，同样着一身军装的江丰迎了出来，热情地招呼他进屋落座。谈话间，江丰向徐悲鸿展示了几件解放区美术工作者创作的新年画，徐悲鸿俯下身饶有兴致地一幅幅细看，看后连连称赞。江丰又指着其中一件《娃娃戏》年画介绍说，这就是你刚才见到的那位小姑娘画的，她是华北大学美术科的学生冯真，还是创造社主将、著名左翼作家冯乃超先生的女儿，十五岁就只身一人去

图2　徐悲鸿

了解放区，今年才满十八岁。这张年画在老解放区受到群众喜爱，在华北大学美术工厂印过六十万份。

听了江丰的介绍，徐悲鸿顿时心生敬意。对解放区的美术作品，徐悲鸿并不陌生。1942年，正在重庆筹办中国美术学院的徐悲鸿，就对全国木刻展上古元等解放区美术家的作品大为推崇，他曾激动地宣称："我在中华民国三十一年十月十五日下午三时，发现中国艺术界中一卓绝之天才，乃中国共产党中之大艺术家古元。"

古元是江丰在延安鲁迅艺术学院（简称"鲁艺"）时的学生，后又在江丰创办的鲁艺美术工场任木刻组长。这样看来，解放区的艺术教育确实培养路径正确、人才辈出。特别是江丰等解放区美术家创造的"新年画"，与徐悲鸿两年前正式提出的"新国画"，在观念和实践上异曲同工，都代表着新艺术发展的方向。

图3 1949年，进入华北大学美术工作队的冯真（右）和邓澍。（中央美术学院校史馆供图）

　　在主张表现现实生活的写实技法上，在利用旧形式创造新艺术的探索上，徐悲鸿与江丰的艺术观点是高度契合的，而在具体实践上，解放区显然已走在了前面。在徐悲鸿看来，由国外引进的现代木刻，短短十余年间，发展为与中国传统民间年画相结合的新年画，是这一新兴艺术"渐有民族形式"的重大进步。徐悲鸿当即提出，要在艺专举办一个"老解放区年画展览"，让艺专同人都有机会观摩学习。回来后，他又为《进步日报》撰写了一篇《介绍老解放区美术作品一斑》，专门谈了他对这些"生气蓬勃，真趣洋溢"的美术作品的观感："都是普及民间的艺术品，而且具有丰富的教育意义……这种与生活感情相溶化的艺术品，当然为大众所爱好与接受。"

江丰原是一位很有才华的木刻家，是鲁迅倡导的新兴木刻运动的代表人物，1938年赴延安，在中国共产党领导的第一所艺术院校鲁迅艺术学院任美术系主任，后又任华北联大、华北大学美术系（科）主任。他是延安最早探索新年画的美术家，不但自己创作，还创办了年画研究室和鲁艺美术工场。解放战争中，他带领师生随部队转战，一面创作，一面投入当地土改工作中。1946年秋，他们到达冀中平原腹地束鹿县（今辛集市），当地一家年画厂找到他，希望帮助设计一些新年画，江丰就组织师生开展起新年画创作，还自办印刷厂大量印制新年画，深受群众欢迎。

对接管艺专，江丰也早有准备。两年前，几个北平艺专的学生来到解放区，江丰就主动去看望他们，向他们详细地了解艺专情况。1947年中秋，他还在一次座谈会上兴奋地谈到他对全国解放后美术工作的设想，从美术学校的接管、改造，到未来的美术出版工作，都有细致全面的考虑。

徐悲鸿和江丰的这次谈话，没有留下更多的文字记载。从徐悲鸿文章中的叙述看，他大概还向江丰介绍了他多年来一直倡导的写实主义，而向来快人快语的江丰，也向他宣讲了毛泽东在延安文艺座谈会上的讲话精神——文艺要面向工农兵。对此，徐悲鸿反省说："我虽然提倡写实主义二十余年，但未能接近劳苦大众。"通过江丰的介绍，也使徐悲鸿领悟到，新政权强调的文艺方向，是"都以毛泽东先生的文艺政策为依据，以工农兵为题材的主体"。

江丰性格直率，说话善于一下子把问题揭开并抓住实质。对于旧知识分子的思想改造，也是入城后接管工作的重点。几年后，江丰在纪念徐悲鸿的文章中也提到："他过去的教育思想，受了时代和环境的局限，并没有突破旧现实主义的范畴，因而还存在着很大的弱点，这就是还没有把教育的目的和人民的需要结合起来作为教育事业的出发点。……解放后，由于徐先生勇于追求进步，接受了毛主席所指示的'为工农兵服务'的文艺思想，于是他的教育思想起了显著的变化，开始认识了人民的教育事业必须与人民的需要相结合这一原则。"

这两位先后担任第一届、第二届中国美协主席的美术家的会面，是1949年后解放区与国统区美术家汇流的起始。对于新生的政权来说，这两支力量的领导者，需要在政治上先形成同盟，共同创建新的美术工作和美术教育体制。

此时学校还在放寒假，对艺专的接收就在这个假期中缓慢、慎重地进行着。入城前，军管会主任叶剑英再三强调："对文化接管要慎重，尊重文化界，要斯斯文文地对待他们""不要随便讲话，一般干部先少去，要尽量精干，其余的人先（在外面）住着，开训练班，俟旧人员逐渐由辞职调走，慢慢将我们的干部放进去，最后达到完全控制。"按照这个指示精神，工作队先由艾青以军管会代表的身份进入艺专，其余人员暂时不去学校，在江丰带领下开展美术宣传工作。

在这个除旧布新的寒假中，徐悲鸿还让艺专教师把近两年的作品集中起来，也举办一次展览，邀请解放区的同志来观看、座谈。他这样做的用意，当然一方面是诚恳地希望得到解放区干部的指导，同时也是为了证明，自己在艺专推行的写实主义，与解放区提倡的文艺方向不谋而合。对于这个安排，艺专教授艾中信后来回忆说："当时我们并不热心，因为心里很虚。徐先生说，请老区的同志看看，无妨。"

2月21日，这个展览在艺专大礼堂举行，江丰率工作队成员应邀来参观了展览。按照军管会提出的纪律要求，"老区的同志很客气"。在下午2点开始的座谈会上，江丰首先肯定了艺专教师的作品都是写实的，这一点和解放区的美术作品相同。接着，他重点谈了"深入生活"和"民族性"两个问题。艾中信说："他没有正面提出我们的缺点，其实我仍心里有数。"

新学期开学后的3月8日，叶剑英签署命令，由沙可夫、艾青、江丰、李焕之、王朝闻五人组成的艺专接管小组进驻学校。同日，按照徐悲鸿的提议，北平艺专大礼堂举办了"老解放区美术作品展览"，展期大约持续了一个月。这次展览轰动了整个北平城，被视为"解放区美术创作成就的总检阅"，是

图4 冯真《娃娃戏》年画

图5 徐悲鸿中国画《在世界和平大会上听到南京解放的消息》

"中国共产党通过展览这一具体的形式，向国统区的美术家们指出今后美术创作的方向"。

展览开幕第二天，徐悲鸿观看了展览。他最欣赏的是王式廓一小幅套色水印木刻《改造二流子》。他在这件作品前"留恋很久"，逢人就招呼大家都去看看，又现场点评道："论题材这是最重要的主题，而且新颖；论构图，这幅画最完美；论人物，最成功；论技巧，最高明。"他还向人打听作者在哪里，提出可请他来艺专当教授，"来领导中国青年艺术家，那么中国艺术的中兴，是一定可以实现的！"徐悲鸿对展览中冯真的《娃娃戏》、林岗的《赵桂兰》、罗工柳的《地道战》等作品也都给予了充分肯定，他甚至断言："新中国的艺术，必将以陕北解放区为起点。"

新政权也给予徐悲鸿很高的礼遇。北平解放后，他的社会活动不断，这期间很多民主人士也陆续来到北平，徐悲鸿见到不少老朋友，更感到共产党真是人心所向、万方辐辏。3月3日，他在华北文协召开的"欢迎文艺界人士并交换意见"茶话会上发言："毛主席的文艺政策是艺术史上的大革命，毛主席明确地指出文艺应为劳动人民服务，解决了中国文艺界没有解决的问题，使今后一切的努力有了正确的方向。"3月中旬，他被推选为出席"第一届世界保卫和平大会"的代表，并于3月29日至5月25日随中国代表团出访捷克斯洛伐克和苏联。

4月23日中午12时，在捷克斯洛伐克首都布拉格民族歌剧院会场，大会主席忽然宣布：解放军已攻陷南京。参加会议的各国代表闻讯都站立起来热烈鼓掌，又纷纷和中国代表拥抱表示祝贺，十多分钟后，整个会场才安静下来。到了下午，又有一队捷克青年代表涌入会场，给中国代表团的每位成员都献上鲜花。受现场热烈气氛鼓舞，徐悲鸿当即开始构思创作大型中国画《在世界和平大会上听到南京解放的消息》。这件尺幅长达三米多的作品经过多次修改，回到北平后才定稿完成。画面按会场布局选取了上下三层人物欢庆的场面，上面两层是剧场座席上起立欢呼鼓掌的外国代表，下面一层是涌入会场主席台和中国代表团握手拥抱的人流，中心视线正对一幅自上方座席悬垂而下的红色条幅——中国代表团赠送大会的标语："全世界和平力量团结起来，粉碎战争挑拨者的阴谋。"整幅画面绘有近百位神态、动作、服饰、肤色各异但都喜悦激动的人物形象，包括可一一辨识面部的二十七位中国代表。这件作品在题材、构图、人物、技法等方面都有突破，在体现徐悲鸿一向主张的写实风格基础上，也明显借鉴了解放区年画的构图和色彩特点，特别是还注意了政治性的主题表现。这很容易让人联想到不久前他对王式廓作品的评价。这件精心构思绘就的作品，是他对自己当时理解的中共新文艺方向所做的探索，也是他发自肺腑地为新中国诞生奋袂欢呼的献礼作品。

20 世纪 20 年代胶济铁路大修
合影初考

周 车

2010 年 2 月出版的《老照片》第六十九辑中，刊登了纪元撰写的《胶济铁路大修摄影集》一文，称这部摄影集"是中国铁路早期整修史上极为珍罕的史料"，并配发了十五张摄影集中的老照片，在胶济铁路文史研究领域引起了不小的反响。十多年过去了，笔者终于有幸一睹这本摄影集全貌。通过查找多方资料印证，对当年登上《老照片》封面那张"竣工"合影（图 1）拍摄的时间、地点和部分人物进行了初步考证。

一张被误读的胶济大修合影

这张胶济铁路大修"竣工"合影（26cm×21cm，图 1）是整本摄影集中人数最多的单幅照片，也是四十余张清晰度极高的十英寸大尺幅原版照片之一，给观者留下了极其深刻的印象，但一直被误读或者模糊处理。

这张照片发表在《老照片》之前，并不是第一次出现在公众视野中，曾经在多种书刊甚至博物馆中被介绍。最初的照片说明一般表述为"1904 年胶济铁路开通仪式合影"，但稍加分

图1 胶济铁路大修"竣工"合影。

析就会看出这种表述的错误。胶济铁路修筑于 1899 年至 1904 年，首段即青岛至胶州段于 1901 年 4 月通车，1904 年 6 月修至济南全线贯通。胶济铁路建成在清朝末期，但照片中的人物或西装革履，或长衫马褂，没有一个留着辫子，甚至还有几名身着制服的铁路警察，明显已经是民国时期的着装。

这个错误澄清之后，照片说明的表述一般更改为"20 世纪二三十年代，胶济铁路大修竣工后的合影"，但对应的胶济铁路大修文章大多从大修背景、铁路桥梁技术、个别参与人的生平等方面阐述，对这组照片始终没有清晰明确的介绍和分析。

比如，胶济铁路大修主要从1924年至1931年，甚至还要长，用了近十年的时间，如何定义胶济铁路大修"竣工"？拍摄这张照片具体在哪一年？拍摄地点是胶济铁路哪一座铁路桥？照片中都是什么人？因何会集中在这座桥前拍摄合影？种种疑问不仅没有迎刃而解，反而更加扑朔迷离。就连介绍这本摄影集的纪元老师，虽然在文章里更加严谨，但仍语焉不详地为照片写了"竣工典礼后的合影""大修前，胶济铁路桥梁毁坏的状况""一座修复中的桥梁""工程技术人员在实地考察""施工现场的大型吊装机械"等说明。直到笔者看到这本摄影集，才体会到纪元老师当年下笔的难处。

这本摄影集虽然用一百五十余幅照片（去掉非胶济铁路和重复的照片），比较全面地记录了胶济铁路大修的不同时间和地点的真实情形，但十分遗憾的是除了一小段介绍影集的前言外，大多数照片（有三组三十张左右把拍摄的时间或地点，或中文或英文冲洗在照片上）都没有同时记录下照片拍摄的时间和地点，其中就包含这张胶济铁路大修"竣工"合影。这部摄影集前言一百六十个字，全文如下（标点符号和括号内容为笔者加）：

胶济铁路创自德人，建筑悉从简略，沿路桥梁多系开顶华伦桁架及工字钢梁，能力薄弱。民国十二年（1923）一月，我国接收后，初拟设法加固，嗣因客货运输日渐发展，机车量度亦须增重，仅行加固，难期久远。爰于是年秋，呈交通部批准，将本路干线各桥一律更换，均照古柏氏五十级载重设计，预估约四百万元，期以五年蒇事。此集摄影乃十四年（1925）至十五年（1926）更换桥梁施工情形之一部分也。

民国十五年（1926）九月谨记

笔者对这张胶济铁路大修"竣工"合影的考证也只能从这段文字开始。

胶济铁路大修的缘起

20世纪20年代胶济铁路开展大修的直接原因，源于1923年初的一次重大行车事故。

一战后，经中国代表在巴黎和会和华盛顿会议上的顽强斗

图2 1923年2月，胶济铁路云河铁路桥事故现场。

争，以及在此期间全国民众不屈不挠的抗争，胶济铁路路权终于在 1923 年 1 月 1 日，由中国政府从日本手中以 4000 万日元的代价赎回。可是，2 月 16 日凌晨 3 时 30 分，随着潍县云河铁路桥的一声巨响，胶济铁路全线中断（图 2）。

15 日，本该晚上才从青岛开出的第 37 次货运列车，提前编组发车。司机、司炉急着回家过年，一路"抢点"行车，沿线车站也都想着能提前下班，非但没有控制压点，反而一路放行。行至高密，站长竟然慷慨应允与另一台美制机车连挂运行。凌晨行至潍县云河铁路桥，致使大桥第三、第四孔钢梁重压断裂，两台机车及六辆货车坠于桥下，一名司机死亡，五名司乘人员受伤。后调查原因，司机超速、机车连挂、车站违规放行、钢桥负载等级严重不足，且年久失修难以负荷，是这起事故的主要原因。

随后的一年，无论哪个岗位上的铁路职员都不敢懈怠，但还不满一年，更严重的事故不幸再次发生。1924 年 1 月 18 日晨 5 时 30 分，从济南开往青岛的第 2 次旅客列车行至周村附近，一旅客携带的未封口大瓶油漆被挤倒流淌，另有旅客觉得脚下发黏，擦着火柴细看，误将火柴遗落漆上，起火蔓燃。因为没有联络，随车警员和守车的列车长都无法通知车头停车，司机浑然不知，依旧疾驰，风助火力，越来越大。其间多数旅客纷纷打开门窗，相继跳车，门开之后，风从门入，火借风威，蔓延迅速，火势不断扩大。幸而此次列车上的机车视察员指挥摘车，保全了其他车辆，不致更多车辆被大火波及。最终烧毁三等客车两辆，小三等及守车各一辆，钢轨数段。旅客当场烧死五人，跳车跌死两人，重伤致死三人，重伤二十七人，轻伤九人。事后管理局吸取教训，在各列车头车尾均设置了联络拉铃，必要时列车长可以随时命令车头停车。

接二连三发生的事故，暴露出胶济铁路线路设备老化失修，接收后管理能力欠缺和专业人才不足等诸多问题。桥梁加固、线路修整，成为中国接收胶济铁路后迫在眉睫需要解决的问题。

据1926年底出版的《胶济铁路接收四周（年）纪要》记载："胶济铁路大小桥梁共约一千八百座。钢制桥梁之在干线上者，约有一千座之多。当德人建筑之时，为求简省便捷起见，所有全路钢桥设计，其规制均采自 Colonial Linc 成案办理。以故各桥荷重量定为轴重十三公吨（吨）。跨度十五公尺（米）以上之桥梁，几完全为开顶华伦轻巧式，仅合行驶德式轻快机车之用。日管时代，因谋改进运输，采用美式笨重机车，致机车活动荷重，竟激增至古柏氏 E 三十五级左右。且美式机车，其主动轮之冲撞力，远甚于德式轻快机车。以此种重机车，驰骤于二十年以前之旧式轻巧钢桥之上，其各部分竭蹶情形，自可想见。迫接收以后，即经详细调查，所有全线各钢桥，其薄弱部分之应力，殆无不超出钢料弹性以外，危险情形殆难言喻。于是为维持现状计，筹备临时缀补费四十万元，兼程赶工，分头缀补。"此外，"胶济铁路现用之六十磅钢轨，重量太轻，所垫钢枕，亦属过稀。统计自民国十二年（1923）起，至十五年（1926）十二月止，钢轨之损坏断折者，已达四百四十余次之多。轨道薄弱，无可讳言。"

胶济铁路大修的成效

随后的几年，胶济铁路管理局在全线开始了大规模大修改造。由路局按月储款，将全路干线桥梁分批更换，并定新桥的荷重量为古柏氏E五十级，以钣梁桥为主桥，以期坚实耐久。同时，采取禁止双机牵引、限制行车速度、抽换帽钉、加固桥梁薄弱处及添设木架等临时措施，暂时保证行车安全。所有新建桥梁，皆由工务处依照部颁钢桥规范设计，跨度在十米以下的用工字梁或钢筋混凝土桥，跨度在十米以上至三十米的用钣梁桥，三十米以上的用花梁桥，遇有适当地点则改建钢筋混凝土桥或增筑桥墩将跨度改小。

据1933年4月出版的《交通杂志》第一卷第六七期合刊中《胶济铁路整理路务之过去与将来》记载："于十三年（1924）

图3 1930年，胶济铁路白沙河新桥落成通车。

图4 1931年，胶济铁路大丹河桁梁桥通车。

图5 1936年，胶济铁路洱河大桥新桥落成通车。

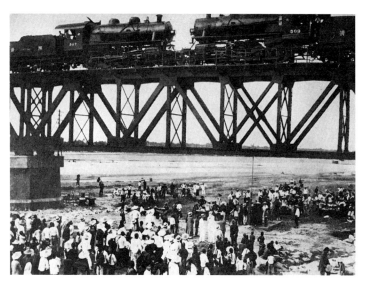

图6 1936年，胶济铁路淄河大桥落成，双机车试运行。

开始更换。计十三年（1924）更换大小桥梁十五座，十四年
（1925）更换大小桥梁三十二座，十五年（1926）更换大小桥
梁十五座，十六年（1927）更换大小桥梁三百三十一座，十七
年（1928）更换大小桥梁三十余座，管理委员会接管以后，仍
照前项计划，赓续进行……"十八年（1929）更换潍河大桥、
云河大桥、南泉济南间及其他小型桥梁七十八座，又增筑青岛
四方间桥梁四座；十九年（1930）更换大港潍县间白沙河桥、
白狼河桥、海泊河桥三座，及其他区间桥梁五十三孔，改建桥
梁九孔；二十年（1931）更换大小桥梁七十九孔。

　　为彻底改变钢轨磨损严重的问题，自1926年至1936年的
十年间，青岛至张店区间的线路除日占时已换钢轨外，其他全
部更换为部定标准四十三公斤C型钢轨，并换成木枕。1927年

起先后在大港—四方、青岛—大港铺设重轨，增筑路基。为防水患，抬高了城阳—蓝村部分地势过低处的路基。随着青岛—埠头—四方区间货运量的加大，1927年至1928年，修建了一条从埠头到四方的货运线，1929年又续建了从青岛到埠头的货运线。自此，青岛—四方来往的客货车实现了分途行驶。

又据《胶济铁路整理路务之过去与将来》记载："拟先将青岛高密间干线尽数更换八十五磅重轨及新式钢轨，自十五年（1926）起开始更换，至十七年（1928）止，先后将青岛大港站西四方、沧口间及女姑口、城阳间各段更换。管理委员会接管以后，仍照旧继续进行，计十八年（1929）更换青岛、大港间，大港、四方间重轨一.一三公里，潍河、云河两新桥附近重轨四.七八三公里，十九年（1930）更换大港、潍县间桥上重轨六百〇八公尺（米），大港、女姑口间重轨八公里又二百六十四公尺（米），十九年（1930）以限于预算，仅于大圩河、桂河、小丹河、大丹河、状元河、白杨河六处新桥梁上，及大丹河、状元河、白杨河三桥之两端，换铺重轨一公里一百八十八公尺（米），现又在拨借本路英庚款项下购买钢轨及配件约价十万磅，业经运送到青，当积极进行更换，以利路务。"随后的1934年，胶济铁路更换钢轨370根，枕木20765根，保养工程耗费26076元，增建工程耗资1033467元。1935年，陆续将青岛、大圩河间140余公里30公斤钢轨，改铺成43公斤钢轨。随后大圩河、尧沟间16.5公里30公斤钢轨，也换铺成43公斤式。其他没有更换重轨的区段，在每段钢轨原有轨枕12根外，增加11根，合成23根，共计增铺钢轨22000根。车站轨道内，只增添5根。至1935年，青岛、大港、高密、坊子、潍县等站均按照以上标准添设完竣。

除了对桥梁和线路的大修，胶济铁路管理局还对沿线站场进行了改造，增设延长轨道、修筑专用线、增筑上煤台、增建调车场、站舍、地下通道、增购机车车辆、更新电务设备、增建四方机厂厂房和机器设备。经过十多年的逐步修整，胶济铁路技术装备和运输效率的整体水平得到很大提升。

从胶济大修照片抽丝剥茧

回头看图1，一群人分三层站在一座铁路钢桥上的蒸汽机车尾部，除了能确定是下承钣梁钢桥外，铁路桥本身的信息极少。而据记载，当年胶济铁路大修为了坚实耐久，以钣梁桥为主桥，也就是说相当数量的桥梁都是这种样式。如果在当年胶济铁路大修更换的几百座桥梁的记载中找到这座桥，可谓大海捞针或盲人摸象。

再看这部摄影集的前言，"此集摄影乃十四年（1925）至十五年（1926）更换桥梁施工情形之一部分也"，而且前言落款时间是"民国十五年（1926）九月谨记"。也就是说，只需要找到民国十四年（1925）至十五年（1926）九月之间胶济铁路大修更换的桥梁，就可以大大缩小寻找范围。幸运的是，这张表笔者在《胶济铁路接收四周（年）纪要》中找到了，名为"胶济铁路全线已换桥梁新旧对照表（民国十五年（1926）十二月三十一日止）"。表中分别列出了1924年至1926年三年间，胶济铁路更换桥梁的位置、更换年月，以及新桥旧桥各自的孔数、跨度、桥别（桥梁样式）。其中民国十三年（1924）更换的新桥样式均为混凝土板桥或拱桥，民国十五年（1926）更换的新桥样式大多也为混凝土板桥，只在六月完成一座上承钣梁钢桥,十二月还有一座下承钣梁钢桥"装置完竣"。更换竣工的五座下承钣梁钢桥均集中在民国十四年(1925年)六月,分别是:

6+480公里处15公尺跨度两孔桥;

59+196公里处30公尺跨度六孔大沽河桥;

60+997公里处20公尺、30公尺跨度各一孔桥(此桥共三孔,另外一孔为4公尺半工字梁钢桥);

84+595公里处30公尺跨度两孔密水川桥;

92+366公里处20公尺跨度四孔、30公尺跨度两孔大沽河上流桥。

图7 胶济铁路大修"关联"合影。

遗憾的是，从图1中，看不出桥梁的长度和孔数，无法进一步确定地点，似乎只能初步推测出拍摄时间是1925年6月的某一天。以上五座桥所在的青岛地区6月份气温在20摄氏度左右，如果考虑全球变暖的因素，一百年前的气温应该更低一些，与照片中人物的衣着也是符合的。

笔者认为，既然图1是胶济铁路大修摄影集中的一张，那就不能孤立地看。经过多次辨识，笔者在这本摄影集中又发现了一张合影，应该和图1有着某种密切的联系。

这张"关联"合影（图7，亦见第六十九辑中插）也是在一座铁路下承钣梁钢桥头，虽然这张合影能看出桥梁的样式和长度，但通过细节对比，还是和图1中的那座铁路桥不同，至少不能判定两张照片中的是同一座桥。笔者认为，两张照片的密切关联之处恰恰不是铁路桥本身，而是照片中出现的人。

图1中一共出现了五十四个人，图7中一共出现了二十个人。笔者通过反复对比分辨，图7二十个人中，至少有十七个人也同时出现在图1中，而且同一个人的衣着服饰前后几乎一样。笔者由此推测，出现在同一本摄影集中的这两张照片不可能如此巧合，一定存在着必然的联系，其中也许就隐藏着解开图1之谜的密码。

再看同时出现在两张合影中的那十七个人（图8）。之所以说同一个人的衣着服饰前后几乎一样，是因为只有一个人换过衣服，而解谜的"密码"恰恰就在这个人的服装上。由此看出，这两张照片拍摄的时间不会是前后脚，也再次印证了两张照片不是同一座铁路桥。图7中铁路桥的信息还是比较多的，可以尝试着用排除法，从那五座桥中排除掉不相关的桥，先确定图

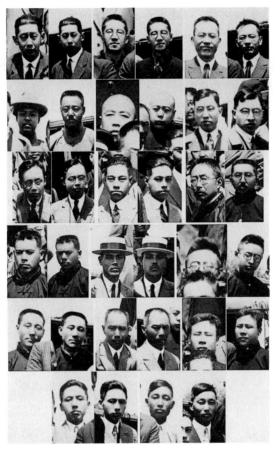

图 8 同时出现在图 1（左）和图 7（右）两张胶济铁路大修合影中的十七人对比图。

7 到底是在哪一座铁路桥。

    图 7 的铁路桥虽然看不到桥孔，但桥的长度从照片上却可以一眼看穿。笔者仔细数了数，该桥两侧各用了六段钢钣梁，每段钢钣梁有八个弧线形支撑，每两个弧形支撑间按标准有三

块长方形护桥钢板。以此推算，这座桥的长度绝不可能低于五孔，对照竣工范围内的五座桥，只有六孔的大沽河桥和大沽河上流桥符合这个标准。更幸运的是，二选一的这两座铁路桥都留下了明确的线索或清晰的照片可以对照。

继续用排除法倒推。前文说过，胶济铁路大修摄影集中，有三组三十张左右的照片有拍摄的时间或地点，其中一张就标注了大沽河上流桥（图9，见中插）。这张照片上明确写着："大沽河上流桥改筑桥台桥墩将完竣，三月二十七日摄影"。虽然照片上还看不到铁路桥身，但照片最左边一座特征明显的铁路用房，令笔者眼前一亮。笔者按房索骥，确定了一组没有文字只有房子的大沽河上流桥合影（图10，见中插）。虽然也是一座下承钣梁钢桥，但与图7中的铁路桥最明显的区别在每段钢钣梁支撑的样式上，大沽河上流桥使用了直线形钢钣支撑，而图7中的铁路桥使用了弧线形钢钣支撑。由此排除后，基本确定图7中的铁路桥是大沽河桥。

再用印证法正推。《胶济铁路接收四周（年）纪要》记载："至十三年（1924）春，即将第一第二两批钢桥，招标承办。其时得标者系德商博克威，于十四年（1925）二月交货，即于是月起，将大沽河、密水川及大沽河上流等处桥梁十七架，分别开始更换，凡四阅月而竣事。计此项新桥梁，共重一千四百五十吨，工料总值约三十六万元。第三批钢桥，则因时局关系，未能如期招标，蹉跎年余，始由德商礼和洋行承办，十五年（1926）年底以前交货，共重一千六百余吨，预估工料总值约六十万元左右。"由此段文字可以看出，胶济铁路第一二批更换的钢桥开工于1925年2月，竣工于1925年6月，其中就包含大沽河桥和大沽河上流桥。

《胶济铁路接收四周（年）纪要》中还有一张大沽河桥的照片（图11，见中插），与胶济铁路大修摄影集中的一张大幅照片为同一底版。照片拍摄于1925年3月28日，大桥还未全部完成，两侧钢钣梁只安装了四组。线索没有就此中断，摄影集中还有一张大幅照片，拍摄了大沽河桥全部竣工并通车的照片（图12，见中插），拍摄角度和3月28日那张照片相同，桥墩和周围的场景也一样。笔者认真数了一下大沽河桥全部竣工照片中，外侧长方形护桥钢板的数量，每个桥孔21个，六个桥孔共计126个。与图7中的铁路桥内侧计算出来的长方形护桥钢板数量相同。

对图7从正反两方面印证推断后，笔者还从照片中的细节找到了佐证。一个是照片最右边一小段临时搭建的铁路木桥样式，与摄影集中其他大沽河桥照片中的临时桥样式相同。另一个是桥尽头明显不对称的两排树冠，与摄影集中其他大沽河桥照片中的不对称树冠相仿。经过三个方面考证，笔者确定图7中的铁路桥就是胶济铁路59+196公里处30公尺（米）跨度六孔大沽河桥。

考证出了五座桥中的两座六孔桥，图1中的铁路桥是另外三座两孔桥中的哪一座呢？笔者分析认为，这还要从合影中参与胶济大修的人入手。

寻找参与胶济大修的铁路人

前文笔者分析了图1和图7两张照片中都出现过的十七个人，其中只有一个人换过衣服，推测两张照片拍摄的时间不会是前后脚，印证了两张照片不是同一座铁路桥。那按照常理两张合影中的两座铁路桥应该有一定距离，致使拍摄人在短时间内或者说当天无法到达，所以相隔至少一天拍下了两张合影。

再看那三座两孔铁路桥的位置，分别是6+480公里桥、60+997公里桥、84+595公里桥。60+997公里桥和59+196公里大沽河桥相距仅仅两公里远，可以排除，剩下东部的6+480公里桥和西部的84+595公里桥二选一。

笔者认为进一步分析的参考依据将是两张合影中的总人数。总人数之所以成为分析依据，是因为中国政府1923年1月1日收回路权后成立的胶济铁路管理局总部设在青岛。参与胶济铁路大修涉及的部门和人员繁多，分布在以青岛为起点，逐步向西的铁路沿线上。按照常理，越靠近胶济铁路管理局总部青岛，越容易集中与胶济大修相关的部门和人员；越分散到向西的铁路沿线上，能同一时间集中的部门和人员就越少，这也是图1和图7两张合影中分别出现五十四个人和二十个人，人数相差一倍还多的原因。笔者由此初步认定，图1中的胶济铁路桥是6+480公里处15公尺（米）跨度两孔桥。

排除法倒推至此，用印证法正推的结果又会如何呢？胶济铁路东起青岛，西至济南，大体方向是东西走向。但笔者查看胶济铁路线路图发现，6+480公里处的这座铁路两孔桥，位于胶济铁路大港站和四方站之间，这段铁路沿胶州湾海岸线确是南北走向。从照片中人物面部的影子可以看出，阳光从照片右上方约40度的位置照射下来，对应线路图推测，图1拍摄于1925年6月某日，上午9点半左右，位置在6+480公里桥南头，面向大港站方向。

那这座6+480公里桥具体在哪里呢？6+480公里表示这座桥位于从胶济铁路零公里青岛站出发，经过6公里又480米，

图 13　1945 年航拍青岛大康纱厂。照片左下角为胶济铁路海泊河桥，沿着铁路线到照片中偏右，为原胶济铁路 6+480 公里桥。

但这个数据是 1925 年的铁路公里数，此后经过多次线路改造，已经无法用现在的数据定位这座桥的位置了，只能依靠当年的资料。笔者从《胶济铁路接收四周（年）纪要》中的一张桥梁统计表中查到，胶济铁路海泊河桥当年位于 5+849 公里处，处于河流的入海口，与现在相比位置基本固定。再对照 1920 年左右的青岛地图，从海泊河桥顺着胶济铁路往北继续寻找，果然在 600 多米处看到了这座 6+480 公里铁路桥（图 13）。再找出现在的青岛地图，从胶济铁路与海泊河入海口的交叉点，沿着原胶济铁路线往北，此桥仍在。虽然桥的样式经过百年已经变了模样，但过了桥就是胶济铁路正线与四方机车车辆老厂区专

图14 萨福均，时任胶济铁路管理局工务处处长。摄于20世纪20年代末。

用线的道岔，与当年别无二致。

同理，图7中的59+196公里大沽河桥，位于胶济铁路李哥庄站和胶东站之间的大沽河上，这段铁路呈东北到西南走向。从照片中人物面部的影子可以看出，阳光从照片左上方约60度的位置照射下来，对应线路图推测，图7拍摄于1925年6月某日的次日，上午10点左右，位置在59+196公里大沽河桥东头，面向李哥庄站方向。此外，根据1929年日文版《胶济铁道沿线调查（桥梁）》大沽河桥附图，对照胶济铁路大修摄影集大沽河桥照片，可以确定照片最右边那座临时搭建的铁路木桥在大沽河桥北面，也与照片拍摄位置的推测相符。

对图1的考证并没有结束，笔者从中找到了萨福均（煤水车上下蹲者左六），时任胶济铁路管理局工务处处长。据1925年编《全国铁路职员录（胶济线）》记载：萨福均，字少铭，福建闽侯人，美国普渡大学土木工学士，曾获四等嘉禾章，曾任广东粤汉、川汉、沧石、京汉等路工程司，云南临个铁路总工程司，交通部路政司产业科副科长代理视察技正，京汉、汉溆地务处副处长，鲁案铁路评价委员会委员，接收委员会委员等职，1923年1月到胶济铁路任职，时年四十一岁。

其实，萨福均的经历远比这段文字丰富。他出身名门，父亲萨镇冰晚清在北洋水师亲历过甲午海战，民国后官至海军总长、福建省长、代理国务总理等要职，是政坛的风云人物之一。

萨福均十七岁赴美国就读圣路易中学，1905年转至日本横滨学习日文，1906年入美国普渡大学，1910年毕业，获土木工程学士学位。归国后，受詹天佑器重，并继承其衣钵，先后督造粤汉铁路曲江大桥和高廉村隧道两处高难度的桥隧项目，并采用1000毫米轨距修建云南鸡街至建水的铁路，为国人大长了志气。随后，担任京汉铁路工程师，成为国内铁路系统顶尖人才之一。在胶济铁路任职八年，几乎主持完成了胶济铁路大修全部工作，以出色业绩给本想看笑话的日本人有力回击。1929年，萨福均出任南京国民政府铁道部管理司司长兼参事。1930年5月，被南京国民政府铁道部正式任命为胶济铁路管理委员会委员长，同时兼任铁路技术标准审定委员会副主任。10月，担任铁道部工务司司长兼胶济铁路管理委员会委员长。12月，回铁道部供职，胶济铁路管理委员会委员长由葛光庭接任。

笔者又从萨福均的旁边发现了邓益光（煤水车上下蹲者左五），时任胶济铁路管理局工务第一总段正工程司。据1925年胶济职员录载：邓益光，字述之，广东顺德人，美国北俄亥俄大学土工程科毕业，曾任南浔铁路分段工程司，汉粤川铁路宜夔段帮工程司，株钦铁路副工程司、优级副工程司，测勘路线队长，交通部铁路技术委员会工程股专任员，漳厦铁路副总工程司，鲁案督办公署工程股助理员，交通部技士

图15 邓益光，时任胶济铁路管理局工务第一总段正工程司。摄于20世纪30年代中期。

等职，1923年1月到胶济铁路任职，时年四十岁。后接替萨福均担任胶济铁路管理局工务处处长。1936年6月，成渝铁路工程局成立，邓益光任局长兼总工程师。

图1中有崔肇光（煤水车前最后排光头站立者），时任工务处产业课课长。据1925年胶济职员录载：崔肇光，字文卿，山东平度人，青岛特别高等专门学校工艺建筑科毕业，曾获六等嘉禾章。曾任汉粤川铁路汉宜段工务员、云南临个铁路工程司、烟潍路测勘队领队工程司，兼一二七八分段建筑工程司，胶济路工务第十分段工程司等职，1923年1月到胶济铁路任职，时年四十岁。

图16 1935年胶济铁路管理局课长、厂长、段长、工程司合影。前排右一为郭鸿文，右三为崔肇光，左一为柴田一美。

还有郭鸿文（煤水车上站立左八戴礼帽者），时任胶济铁路管理局工务第一总段工务员，代理帮工程司。据1925年胶济职员录载：郭鸿文，字质民，山东胶县人，青岛特别高等专门学校土木工科毕业，曾任川汉铁路汉宜段练习工程司，山东省会市政厅工程科技术员，兼济南市政公所科员，云南临个铁路第三分段工程司等职，1923年3月到胶济铁路，时年三十九岁。后任工务第一段帮工程司。

图17　程孝刚，时任胶济铁路管理局机务处车辆课课长。摄于20世纪40年代中期。

合影中还有程孝刚（煤水车上站立者左九），时任机务处车辆课课长。据1925年胶济职员录载：程孝刚，字叔时，江西宜黄人，江西高等学堂毕业，美国白度（普渡）大学机械工学士，曾获六等嘉禾章。曾任广东兵工厂机械工程司，中东铁路机务监督员，津浦路济南机厂机器司等职，1923年1月到胶济铁路任职，时年三十四岁。另据《中国科学技术专家传略（工程技术编交通卷）》记载：程孝刚1926年调离胶济铁路，任云南个碧铁路机械总工程司，1926年编《全国铁路职员录（胶济线）》机务处车辆课课长显示为唐瑞华，这也证明了照片拍摄于1925年的考证推论。

程孝刚此后的经历和成就极不平凡。1927年至1935年，先后任津浦、北宁铁路管理局机务处处长，铁道部技术标准委员会委员，参与中国第一部自己编订的《机车制造规范》和

《车辆材料标准》，这期间率团赴日本考察铁路机车工厂，积极参与南京火车轮渡工程和渡轮设计。1936年任筹备处长，主持株洲机厂新建工程。抗日战争期间，为了打通西南国际通道，1940年参与了滇缅铁路筹建，担任机械总工程司兼机务处长。1928年、1947年和1952年，三次到上海交通大学任教，曾任秘书长、教授、起重运输机械系主任、副校长、校长等职，为中国铁道建设事业培养了大批高级技术人才，1955年被选为中国科学院学部委员。

合影中还有一名日本籍职员柴田一美（煤水车上下蹲者左二），时任胶济铁路管理局机务处车辆课帮工程司。据1925年胶济职员录载：柴田一美，日本福冈人，旅顺工科大学卒业，日本侵占青岛期间，曾任日本陆军省委任官，青岛守备军铁道部车辆事务所所长，中国收回胶济路权后留任，时年三十三岁。后任机务处技术课工程司。

合影中的其他人，笔者目前虽然还无法全部一一对应，但在1925年编的《全国铁路职员录（胶济线）》中，记载着当年参与胶济铁路大修的那一代中国铁路工程技术人员。

有时任胶济铁路管理局工务第一总段帮工程司，兼代第一分段工程司侯家源。据1925年胶济职员录载：侯家源，字苏民，江苏吴县人，唐山路矿学校毕业，美国康奈尔大学土木科硕士，曾在美国桥梁公司设计建筑实习，曾任唐山大学桥梁及建筑教习，1923年1月到胶济铁路任职，时年三十岁。1926年回到母校唐山交通大学，任土木工程教授。1929年至1939年相继任浙江省杭江铁路工程局副总工程师、工务局局长，浙赣铁路工程局副局长兼副总工程师，湘黔铁路工程局局长兼总工程师。其间，全力支持唐山校友茅以升的钱塘江大桥工程。

有时任胶济铁路管理局工务第六分段工程司万承珪。据1925年胶济职员录载：万承珪，字愚山，湖北沔阳人，国立北京大学毕业，曾任川汉铁路汉宜段练习工程司，宜昌、安隆、樊城等处测量，暨长江埠、杨家泽各段建筑工程皂市正段制图室主任，河南汤阴矿山铁路工程司等职，曾获交通部二等二级奖章，1923年1月到胶济铁路任职，时年四十岁。后担任胶济铁路管理局工务第五分段长、第二分段代理段长。万承珪的幼子万哲先，1948年清华大学毕业后留校任教，新中国成立后跟随华罗庚参与创建中科院数学所，1991年成为中国科学院院士。

另据李福安著《人生几何情系代数——万哲先学术传记》一书载："父亲万承珪是一位土木工程师，他出身于一个没落的封建家庭，小时家境并不好，在亲戚家住了很多年，靠亲戚资助才接受了学校教育，进了清末民初所谓的'洋学堂'。万承珪1913年毕业于北京大学土木科（系），终生在铁路工作，维持家庭生计。他曾在川汉、胶济、滇缅等铁路及其他交通机关担任练习工程师、工程师、工务分段长、工务总段长、工务课长及工务处副处长等职，青岛解放后主持胶济铁路东段抢修工程，1950年1月在青岛病故（当时在铁道部济南铁道管理局青岛分局工作）。"

此外，1928年5月，一位叫张声亚的大学毕业生也来到胶济铁路担任练习生。据胶济职员录载：张声亚，字树东，直隶丰润人，交通部唐山大学土木科毕业工学士。虽然从任职时间上看，张声亚不会出现在这张胶济大修合影中，但他后来成了万承珪的女婿，担任胶济铁路工务第二分段工务员。另据山东科学技术出版社1989年出版的《齐鲁科技精英》一书载：张声亚，1905年生，河北省丰润县人。1927年毕业于唐山大学（唐山交通大学前身）土木工程系，获学士学位。毕业后到胶济铁路工作，先后参加了大丹河、淄河、孝妇河等桥梁改造，博山八陡山区新线勘测等工程。全面抗战爆发后，他辗转到西南，在浙赣线、滇缅线从事铁路勘察设计和施工，以后又到津浦区铁路局工作，任正工程司、工务处设计课长等职。1949年4月参加革命工作，随军参加了津浦线浦埠段桥梁线路的抢修和复旧工作。历任蚌埠铁路分局工务科长，济南铁路局设计科副科长，设计事务所副主任、主任，基建工程处总工程师、高级工程师。1978年离职休养。曾当选为第二届山东省人大代表，第三届全国人大代表，山东省政协第四届常务委员，山东土木工程学会理事，山东铁道学会第一、二届理事。

此外，1925年胶济职员录中还有毕业于美国哈佛大学，时任工程课帮工程司的孙宝樨，时年三十岁；毕业于美国普渡大学，时任第五分段工程司的胡佐熙，时年三十九岁；毕业于英国格拉斯哥大学，时任工程课副课长的王怀曾，时年四十二岁；毕业于英国阿木司庄大学，时任工务第二总段正工程司的沈瓒，时年四十三岁；毕业于日本东京帝国大学，时任工程课工程司的陈琯，时年三十二岁；毕业于北洋大学，时任工务员的陈其信，时年四十岁；毕业于上海同济大学，时任工务员的郭则溉，时年三十二岁……

尾声：1925年6月的那一天

让我们再回到1925年6月的那一天。随着胶州湾畔气温的逐渐提升，胶济铁路大修中第一批钢梁桥更换工程也接近尾声。

这一天，从上午 9 点开始，接到胶济铁路管理局通知的各处人员，以及厂家代表，陆陆续续地来到了 6+480 公里铁路桥，这座桥是胶济铁路首批修竣钢桥中距离管理局最近的一座，紧挨着当年与胶济铁路配套建设投产的四方机厂。机务处特意从四方机厂调来一辆蒸汽机车停在桥头。作为胶济大修和更换桥梁主导技术力量的工务处派出了超强阵容，包括处长萨福均、第一总段正工程司邓益光、产业课课长崔肇光等十多名技术骨干。

这座并不宽敞的铁桥上一下子涌来五十多人，热闹异常。摄影师看了看周围的环境和光线，组织大家集中在桥南头。工务处处长萨福均率先爬上了蒸汽机车尾部的煤水车厢，第一总段正工程司邓益光、工务员郭鸿文等紧随其后，车厢上很快就站满了人，其他员司交错站在车厢前面。随着镜头的开闭，一张胶济铁路大修第一批钢梁桥竣工合影由此定格。

随后，工务处处长萨福均带着十六名工务技术人员，乘车沿胶济铁路继续勘验竣工的大沽河、密水川和大沽河上流等处桥梁，胶济铁路长达十年的桥梁和线路大修工程由此全面展开。

《老照片》第六十九辑封面

两张老照片　一段乡谊情

于　岳

近来在收藏网上淘到一张抗战时期在福建省漳浦县（今属漳州市）的合影，影像背景有石刻字迹，照片背面有原主的题赠和落款，买时虽然看不太清，但总觉得有这些素材，我应该能够破解出来点什么。

收到后高清扫描放大细览，照片背面题曰："觉希我公存念，晚覃克坚敬赠，三二年（1943年）季秋于闽省漳浦寓中"。背景大石上刻有四字，但不知为何每个字下边都白乎乎一片，十分影响审美与辨识，乍一眼只看出最右边的"忠"字。经过一番考证，我终于知道了这四个字乃是"忠孝廉节"，也锁定了它的位置所在——漳浦县印石山！

1934年，湖南汉寿人朱熙（日本陆军士官学校第七期毕业生，北洋陆军中将、缉威将军，历任高级军政职务）出任福建省第六行政督察区专员（1934年7月设，1935年改称第五区，驻漳浦，行政督察区简称专区，专员为最高长官），后兼任漳浦县县长。朱熙十分重视地方建设与文教事业，到任之初，即在印石山创建中山公园，并于当年"双十节"亲题"忠孝廉节"四字刻石于园中，树立漳浦先贤黄道周、高东溪、张若仲、

图1 民国时期，福建漳浦县中山公园"忠孝廉节"石刻前的合影。

刘陈氏为楷模，此后还曾开办小学、重印县志、举办运动会等，颇有政声。朱熙在漳浦担任专员至 1938 年 10 月，其后经历不详。

我随手查了一下，发现"忠孝廉节"这块大石如今还在。印石山自古为漳浦名胜，山上有印石亭，据县志记载始建于北宋，"印石松风"为漳浦八景之一。宋代的印石亭大约早已毁废，直到 1936 年才由当地华侨蓝秋金捐资重建，为水泥筑六角亭，今亦存世。

这让我忽然想起了早些年从不同源头收藏到的另一张漳浦老照片，赶紧翻了出来，上面果然也有个亭子。再与网上的近照一比对，嘿，这可不就是印石亭嘛！正高兴着呢，却又有了一个更让我感到吃惊的发现：新收到这张照片中的六个人，竟然全在印石亭那张照片里出现了，而且服饰发型完全一致！"忠孝廉节"刻石与印石亭同在中山公园里，这两张照片绝对是同一天同一伙人游园时所摄！这个发现让我激动不已，原本并不抱太大希望的人物考证，也在骤然间出现了一丝曙光。

我判断，这两张照片原本出自同一相册，早年被人拆开出售而星散。其实在这些年的收藏历程中，我有意无意间，颇做了些收合流散之事，尤其是这种无心插柳式的重聚，着实让我有些小得意。只见印石亭这张照片右下角题跋写着："湖北旅闽同乡三十三年（1944）双十节集于漳浦摄影纪念"，时间与

图2 早些年我收藏的另一张漳浦印石亭前合影。其中左四坐者、左五立者两位男子，右四、右六、右七立者三位男子和右五立者女子与图1人物重合。

图1背面覃克坚的题跋落款差了一年，我觉得其中应是某一方笔误（覃克坚的可能性大些），当无太大疑问。

在1940年第三战区出版的《军民旬刊》中，刊载了一封署名覃克坚的来信，询问报考黄埔军校十八期的相关事宜。覃克坚自己介绍，其早年毕业于武昌汉光中学，当时正随部队驻防在浙西，担任上士班长。此时第三战区司令长官部在江西，浙江、福建均是第三战区所辖，来信的覃克坚亦是湖北籍，基本可以确定就是照片中人，并非重名者。覃克坚最终有没有投考军校目前不得而知，但以他的身份来看，很大概率就是照片中身着戎装携带伴侣的那位抗战军人。

而"觉希我公"又是谁呢？对于这个名字，我似乎也有了一些模糊的印象。通过藏品溯源，在几年前收藏夹中保存的记录中翻查，最后还真是找到了：我留存有一张"永安土地测编队同仁合影"的资料图片，其中有所有成员的名字，"盛觉希"这个名字赫然出现在眼前！再对比我所藏老照片中的人物面貌，已经可以辨认出左二坐在石头上手里拿着拐棍的那位（及印石亭照片中间持拐棍及黑色礼帽站立者）就是盛觉希无疑。而且我也基本确定，这些以及其他许多相关照片，皆是从盛觉希的私人相册中拆散流出的。

经查考史料文献，盛觉希是当时地政系统（民国时期管理土地相关事务的行政机关）的一位中级

图3 民国官员盛觉希

公务员，1944 年时任漳浦县田赋管理处专职副处长（处长由县长挂名兼任）。从照片上的题跋可知，盛觉希是湖北人，应该也是当时在漳浦县担任公职的湖北人中职务最高者。

福建多山，易守难攻，在抗战时期表现得比较坚挺，全省仅有十余个沿海市县曾经沦陷，且多能在较短时间内收复。1945 年 7 月 1 日，一股日军攻陷了漳浦县城，此时距抗战胜利仅有月余。很可惜漳浦县在最后时刻的"晚节不保"，虽然中国军队 7 月 12 日立即克复了县城，但还是因此名列福建省曾经沦陷的市县之一。

时光倒退回一年前，1944 年"双十节"之际，局势应该还是比较稳定的，盛觉希联系了在漳浦的湖北老乡，带着家眷一起去中山公园游园聚会。大人们脸上的微笑、孩子们脸上的纯真，都定格在了这些泛黄的老照片上。我想，这大概就是抗战烽烟中难得的岁月静好吧！

军营生活点滴

陆中朝

一眨眼，参军距今已五十五周年了。人老了，经常会回忆过去，趁现在还记得，写下军营生活的点点滴滴，记录下这段不应忘却的人生。

蝎子山 永宁 延庆

结束了两个月军粮城（地处天津的部队农场）的劳动，回到温泉教导队后，我们二十多个新兵，就由李裕信中队长带领，去空军技术勤务一团四大队十中队。

解放牌敞篷卡车开了一个多小时，到了八达岭，大家下车休息。第一次看到长城，都挺兴奋的。当时的八达岭，不收门票，谁都可以随便上去。我们登上万里长城，抒发革命豪情，终于个个都成了"好汉"（毛泽东诗词中有"不到长城非好汉"语）。

稍后继续启程，又开了一个多小时，终于抵达了四大队。营房坐落在延庆县永宁镇蝎子山脚下，地处燕山山脉的军都山系。营区没有高墙大院，一排排红砖营房依山而建，倒也错落有致。这本是一座无名小山，十来分钟就可以登顶，因山里多

71

图1 笔者刚入伍不久的留影。可见营区在群山环抱中。

蝎子，被老兵们称为蝎子山。听老兵讲，当年四大队选址的时候，北空司令李际泰坐着直升机在延庆上空盘旋，看到这里群山环绕，交通闭塞，有利于保密，用手一指说，就这里了。其实，就是上海人所说的"乡乌头"（"偏僻乡下"之谓），有战友把分到四大队用了"发配"一词，可见当时四大队有多么偏远，去四大队就好像古代发配边疆一样。我在这里一待就是整整十一年，除了几次探家之外，几乎没有走出过这里的大山。蝎子山可以说是我的第二故乡了。

当时正值夏季，第一感觉就是凉爽，晚上睡觉都要盖被子，在那个连电风扇都少有的年代，这个好感度一下上升到五颗星。永宁一带有山无水，不像南方，挖几十厘米深就会有水渗出来，周围村庄里的井都深达几十米，水桶扔下去，好半天才听到"咚"的一声，然后摇好半天辘轳，才能提出一桶水来。山上都是些一人高的小松树，在石头缝里顽强地生长着。因缺水，

图2 1969年"九大"召开时，营区前竖起了一巨幅毛主席画像，战友们纷纷站在画像前留影，笔者亦然。

据说这里的老乡是常年不洗澡的。春天种玉米的时候，要把水挑到地头，挖一个坑，放进几粒玉米，埋上土，然后再浇一勺水，没有这一勺水，玉米是长不出来的。好在部队用的是机井，可以保证我们的生活用水，还可以浇灌菜地，改善生活。

　　四大队偏于一隅。那时，团部还在北京黄寺，"山高皇帝远"，平时所见的就是大队的一百来号人和周围的群山，颇有身处世外桃源的感觉。去不了北京市区，也挺好的，六元津贴，管够花。离营房最近的消费点，在蝎子山南面的张庄，一个村小卖部，可以买到手纸牙膏等用品。有一次帮助老乡干活之后，大家都口渴难耐，一个无锡兵，在这里买了一瓶二锅头，当场启开，一饮而尽，居然面不改色。平生第一次见这样喝酒，很是佩服。从营区到永宁镇大约十里路，一般一至两个月会去一次，来回步行一个多小时。镇上就是一条街道，两边是一些商店，还有一间新华书店，是我经常光顾的地方。街上乱哄哄的，但是够热闹，尤其是碰上赶集的日子。至今难忘的是，一家小馆子里的炒鸡蛋，一盆只要一元钱，端上桌来，色泽金黄油亮，香味浓郁扑鼻，我也不喝酒，慢慢品尝，吃完，一抹嘴，心满意足。现在不管是吃什么山鸡蛋、跑鸡蛋，都没那味道了。

延庆县城离驻地几十里路，一般是没机会去的，唯一的机会是出公差。所谓出公差，其实是苦差，就是冬天乘卡车到康庄火车站拉烤火煤，通常每个组（中队直接辖组，没有班排的编制）抽一个人，经过延庆县城时，可以顺便下车转转。延庆县城不过比永宁多几条街道，有几幢楼房而已。拉煤，全凭人力铁锹装卸，尽管穿着皮大衣戴着棉军帽，坐在无篷嘎斯车上，依旧冷风刺骨，风卷煤屑扑面，没有口罩，也不知吸了多少煤灰，回来后一个个都成了"非洲兄弟"。

营区周围除了山，就是典型的黄土高原了。起起伏伏，沟壑交错，满目苍凉。每年只有春播以后，庄稼出苗，大地才有了绿色，等到玉米高粱长高了，变成大片的青纱帐，进去了，不熟悉的话，在里面东一头西一头，很难钻出来。

那时候还没有环境保护的意识，常常要上山砍柴伐木，储备冬天的柴禾。砍柴不是在营房周围的山上，兔子不吃窝边草，而是到几十里外的深山老林里。有一次进了一个深山的村子，那里的老百姓还把我们当八路军了，村子里当年只有抗日游击队来过。由于很多都是本村人近亲结婚，村里不少人有些呆傻。永宁的方言也与北京市区完全不同，听不太懂，我现在还清楚记得两个老乡见面时的问候语：一个人问"干刷咧？"（干啥呀？），另一个人答"瞭瞭咧！"（看看呗！）

延庆县现在是北京的旅游风景区了，有"首都后花园"之誉，看到有的战友故地重游拍的永宁镇的照片，也已经是旧貌换新颜了，有机会还是要去看看我的第二故乡的。

十中队

我到十中队时的中队长是李裕信，北京兵，虎背熊腰，个头很大，典型的北方大汉，性格豪爽。打篮球时，中队长总是镇守后场，你要上篮，他屁股一撅就把你弹开了。给我印象很深的是，他抽烟很有特色。第一步先把烟吸在嘴里，但并不马上吸入肺中，而是从嘴里吐出一串烟圈，然后猛一张嘴，把自己刚吐出的烟圈统统回收到肺里，这一步才是真正享受香烟的味道，屏息数秒后，才从鼻孔里缓缓喷出两道浓浓的白烟。我虽不吸烟，看他陶醉的样子，也挺享受的。以后大个子中队长进步了，由小个子副中队长接任，也姓李，名正郁，湖南兵，高一米六左右，瘦瘦小小的，和大个子中队长反差极大。小个子中队长思路敏捷，动作灵活，在篮球场上，满场飞奔，防不胜防。他烟瘾也很大，不买香烟，买烟丝抽，比抽香烟省钱。但他不像其他买烟丝的人那样用纸卷着抽，而是用烟斗，吸烟的动作中规中矩，吸一口吐一口，嘴里叼个烟斗，也就有了几分英国前首相丘吉尔的神气。不知道是烟丝的质量问题还是烟

图3 笔者（后排右二）与中队的战友在营房后面的蝎子山中合影。

斗的构造问题，吸着吸着火就灭了，吸一次烟，往往要点好几次火。

那时没有吸烟有害健康一说，想吸尽吸，条件好点的吸大前门，差点的吸自制的卷烟。自制卷烟，是我当兵后才第一次见识的，并不复杂，只要裁剪好一摞扑克牌大小的纸张就行了。想抽烟时，抽出一张纸，卷成一根细长的小喇叭，塞入卷烟丝，即可喷云吐雾，优哉游哉了。到了冬季，门窗紧闭，室内烟雾缭绕，白茫茫一片，吸烟者吸自己的一手烟，不吸烟的跟着共享混杂的二手烟。呜呼，吸了十一年的二手烟，也不知道对我的肺产生了什么影响。现在走在室外，看到吸烟人吐出的白烟，我会立即避开，再也不想吸二手烟了。

这两任中队长，都喜欢打篮球，所以中队里的大部分人，也都喜欢打球，基本上是乱仗（自由组合）天天打，十天一小打（各组之间的比赛），百天一大打（各中队之间的比赛）。在四大队，我们十中队篮球水平是最高的，这和我们中队官兵都十分喜爱这项运动是分不开的。说实在的，当时除了打球，其他娱乐活动好像都是不允许的，后来慢慢地有所放松，星期天可以打扑克牌了，只要到了星期天，每个宿舍都会摆出一两桌。最奇葩的是，不知道是谁出的主意，请中队会做木工活的刘振

图4 笔者在蝎子山上留影。山间的植被清晰可见。

江战友做了一副康乐棋盘，一种类似于斯诺克玩法的游戏，不过用的不是球体，而是象棋棋子那样的扁圆体子，"文革"之前，上海的街头巷尾都有玩的，和今天的棋牌室一样普及。这副康乐棋除了因木材质量弹性稍差之外，其他都没问题。得此玩物，大家重显身手，削薄弹，打双花，自拉洞，不亦乐乎，人多的时候还要排队等候，成了十中队的一道独特风景线。

回想起来，那时候我们最期盼的文化享受，就是观看团演出队的演出。台上演出的战友们，个个青春靓丽，绝不逊色于今天的网红明星们。尽管是业余的，可我们每个节目都觉得好看，会拼命鼓掌，希望他们再演一个，每次看了演出，都会兴奋好几天。在那个时候也看不到什么专业的演出，看业余的就等于看专业的。转业后，我分配到上海戏剧学院工作，经常能看一些专业演出，可是偏偏就没有了当年看演出的兴奋感。每个时代都有自己的偶像，现在的年轻人，喜欢看小美女"小鲜肉"，是可以理解的。

正是有了这些文体活动，才摆脱了山沟封闭环境下的枯燥，起到了凝聚人心的作用。

"老三样"和肉丝面

延庆的冬季漫长，从 10 月份，到来年的 5 月份，地里就长不出蔬菜了。一年里的七八个月，就靠白菜、土豆、萝卜这三样菜来打发，大家把这三种菜称为"老三样"。其实这三样菜，一个星期吃一两次，还是不错的，可是，再好吃的东西，天天吃，顿顿吃，也要倒胃口的。更何况，四毛五分一天的伙食费，缺肉少油，这菜的味道也就可想而知了。记忆里，每年过节会餐的时候，除了鸡鸭鱼肉荤菜以外，蔬菜里最好吃的一道菜，是烧茄子，茄子没油也很难吃，可是用油闷烧出来，就是一道美食。吃了十一年"老三样"，我的胃对"老三样"产生了排拒，以至于回到地方后的最初几年，就基本上不碰这三种菜了。

三种菜里面，土豆和萝卜最好弄，放进仓库就不用管了。难伺候的是白菜，要储藏在地窖里，一棵一棵、整整齐齐地码成垛，整个冬季，每隔十天半月，就要派公差，把这些白菜捣腾一遍，将腐烂的老叶剥去，重新码好。一棵白菜，这样捣腾到开春，通常就只剩下菜心了。在冰冷的地窖里干半天，十指冻得生疼，真可谓，谁知盘中菜，片片皆辛苦。白菜是北方的当家菜，过年过节包饺子，必定是白菜、大葱、猪肉馅，咬一口，满嘴流油，葱香菜糯，回味无穷。如今，饭店里的饺子，有各种各样的馅料和口味，但我最喜欢的还是白菜猪肉馅，正宗的北方水饺，就好像在上海吃馄饨，一定要吃荠菜猪肉馅的。

再说说肉丝面。所谓肉丝面，其实就是值夜班吃的面条。由于平时吃的菜里面肉实在太少，打给你的一盘菜，能找到三五根肉丝，就是烧高香了。尽管米饭馒头可以敞开肚皮吃，不会感到肚子饿，可是总有一种油水不足的缺憾。曾经有无锡兵到集市上买回大块的五花肉，放进水壶里，在冬天宿舍里取暖的炉子上烧煮，煮熟以后，大快朵颐。我也跟着吃过，虽然没有任何调料，那肉也是软糯香酥，入口即化，满嘴留香，有一种说不出的舒服感。看到二大队有战友回忆说，他们曾经捡了死猪肉煮了吃，大碗酒，大块肉，意气风发，爽快无比，那个年代过来的人，完全能够理解。相比平日里的一日三餐而言，夜餐面条里的肉丝就可观多了。肉多了，油水就足，这油汪汪

图5 笔者（中）与战友在蝎子山上合影。前景里的那尊岩石，已不是第一次出现在镜头里了。

的肉丝面，令人垂涎欲滴，吃进嘴中，肉香汤鲜，胡乱咀嚼几下即滑入胃囊，而且不限量，吃饱为止。值完上半夜的人，吃饱了还要在漆黑的荒郊野外溜达一会儿消消食，才心满意足地回宿舍睡觉。尤其是在夏天，外面凉风习习，听着各种昆虫的鸣叫，看着漆黑的夜空里明亮的星星，真是有说不出的满足和畅快。本来，值夜班是很痛苦的，特别是值下半夜班，被人从睡梦中叫起来，那难受劲就别提了，可是大家都还挺期待着上夜班，就是为了那碗肉丝面。吃穿住，吃才是人类的第一需求。剩下的面条，第二天中午炊事班兑上一桶开水，就成了高汤了，排在前面的几个人，靠平衡和手感，还能捞到面条和肉丝，后面的人，就只能喝汤了。

现在回想起来，这普普通通毫不起眼的夜餐面条，绝对是"天下第一面"了。

在部队里，每年四次的过节会餐，是吃得最痛快的。会餐这一天，通常是吃两顿饭的，吃完早饭之后，就时刻惦记着下午的会餐了，好像小孩惦记着过年。会餐后的第二天，伙食必定是一道大杂烩，炊事班将会餐吃剩下的残汤剩菜，一锅煮了以后再给我们吃，倒也是鲜美无比，一道菜汇聚了十几种风味，好像现在的火锅高汤。不怕各位笑话，直至今天，家里的剩菜，都是我第二天杂烩以后吃掉的，套用一句广告语："味道好极了！"哈哈！

图6　笔者持枪照。其实身在技术兵种，舞枪弄棒的机会并不多，留下这张照片，也不枉当兵一场。

愚公移山

那年头，每个中队都有一块划拨的菜地。当年的伙食标准，每人每天四毛五分，依稀记得，好像还多出几厘。伙食的好坏，很大程度依赖着那"一亩三分地"的收获。

某日，小个子中队长宣布了一个惊人的决定，要把营房后面，一条十几米深、几十米长的山沟填平，再造一亩三分地。

说实话，我心里是有畏难情绪的，这得干到猴年马月啊！但军人的天职是服从命令，每个组长、每个人，都表了决心，要以愚公为榜样，每天挖山不止，填平山沟，造出良田。那时，政治学习和战备值班，是雷打不动的，挖山填沟只能利用饭后的自由活动和星期天的休息时间来进行，一时间，中队里所有人，都成了挖山不止的"愚公"。偏偏这座山不是土山，而是石山，用铁锹根本挖不开，必须用大锤和钢钎，把石头一块一块地凿下来。抡大锤既是力气活，也是技术活，几十斤的大锤，抡十几下，就气喘吁吁，汗流浃背了。抡大锤光有力气不行，还必须砸得准，偏出一厘米，扶钢钎人的手就废了，而我等之辈，只能干扶钢钎的活。各位看官，别以为扶钢钎就是轻松的活儿，大锤每砸一下钢钎手掌虎口就是一阵发麻，更要命的是紧张，大锤每砸一下，心脏也同时格登一下，随时担心自己的手会被哪一锤砸断了，一次作业下来，冷汗出的比热汗还多。已经记不得干了多少日子了，终于有一天，劈下的山石，填平了山沟，再一筐一筐地挑来黄土，造出了一块良田。小个子中队长的钢铁意志，变成了现实。地多了，种的菜就多，从此，中队的伙食有了较大的改善。

2020 年我到河南旅游，走在太行山悬崖峭壁上几十公里长的挂壁公路上——那是当地的老百姓用大锤和钢钎一锤一锤砸出来的。我不由肃然起敬，因为我理解这项工程的艰辛，真心佩服他们的毅力，愚公真的能移山。

西灰岭带来的"震撼"

团部搬到西灰岭后，四大队世外桃源的状况即不存在了。凡是开大会、看电影、观演出，四大队都要整队集合，行军到西灰岭，来回大约一小时。多数情况，是去团部看个电影。放映的多是八个样板戏和"三战"（《地道战》《地雷战》和《南征北战》），剧情和台词都已背得滚瓜烂熟了，还是兴致不减地去享受这难得的文化生活。去西灰岭的路，是大大小小的鹅卵石铺成的，也没个路灯，一脚高一脚低，屁颠屁颠的，倒也不觉得累，那年月能有个电影看，你就偷着乐吧！后来有电视机了，大队领导说，只要你们各中队有钱都可以买。于是掀起了一股搞副业的高潮，各中队都憋着劲，争取先买回电视机，每个人只要有空，就去周围的荒山野岭，搂回大把大把的野草，晒干以后当作饲料卖出去。三个中队几乎同时都买回了电视机，我印象深刻的是，平时看电视的人并不多，但只要是放南斯拉夫和罗马尼亚的电影，就必须早早地去占位置，去晚了，就只能在后面站着看，甚至在门外窗外看。我曾听到一个天津兵说，他退伍以后，拿到的安置费什么也不买，只买了一台彩色电视机，天天在家看电视。

回到正题。所谓"震撼"，是指思想上、头脑里的。就我个人而言，最大的震撼，是在西灰岭大礼堂，听传达中共中央关于林彪叛逃的57号文件,第一句话就听到:"林彪于1971年9月13日仓皇出逃,狼狈投敌,叛党叛国,自取灭亡。"如同一声惊雷,全场鸦雀无声,真的肃静到了连自己心脏的跳动都能听到的地步。大家的面部表情都凝固了,我的大脑也似乎麻木了。从此,人们的头脑里,开始产生了各种各样的问号,许多问号是没有答案的,直到今天,坊间还流传着各种各样的说法。听完报告回来以后的第一件事,就是物理上的清理,所有林彪的照片、文章、题词都统统撕掉销毁,思想上的清理,就是长达数年的"批林批孔运动"了。

第二次"震撼",是尼克松访华之后,西灰岭团部放映了

图7 在营区里,笔者(后排右二)与同组的战友合影。

一部美国拍摄的阿波罗登月纪录片。片中巨大的土星五号火箭腾空而起，实在是令人震惊，而阿姆斯特朗踏上月球时的那句名言"个人的一小步，人类的一大步"，也同样令人震撼，令人深思。纪录片里展现的美国民众挥舞星条旗的场面，返回舱系着巨大的降落伞，缓缓落在蓝色大洋的画面，至今还记忆犹新。这是我当兵十一年中看到的唯一的美国纪录片，所以印象特别深刻。

第三次"震撼"，是在西灰岭看苏联电影《列宁在1918》，片中有一段数分钟的古典芭蕾舞《天鹅湖》的片段。小天鹅那优美的舞姿，曼妙悦耳的音乐旋律，又一次震撼了我：芭蕾舞

图8　在营房前，笔者（后排左）与战友合影。

展现的人体是如此之美，而且这种美是可以展示的，人们是可以来欣赏的！后来听说，有些人反复买票看这部电影，看完这段芭蕾舞就走人。毕竟那时只有在这部电影里，才能欣赏到西方经典芭蕾舞。电影里还有一段经典台词，瓦西里的那段话"面包会有的，牛奶会有的，一切都会有的"，被人们牢牢地记住并广泛地应用，成了国人一道最美味的心灵鸡汤，也反映了在那个物资匮乏的年代，人们对美好生活的向往和追求。

十一年待在一个封闭的山沟里，是西灰岭（团部），给我带来了精神的震撼和思想的启蒙。

转业之路

到了十中队之后，各级领导在教育我们的时候，经常提到三句话：红在一团，专在一团，死在一团。就是告诫我们，在技术团，要有长期干的思想准备。一开始，我觉得长期干也不错啊！"文革"时期，参军入伍，比现在当公务员还荣耀。作为刚离开学校的年轻人，真感到部队的集体生活还挺带劲的，官兵之间关系融洽，战友之间亲如兄弟，打球、唱歌，朝气蓬勃。最初几年，确实丝毫没有不安心的念想。

四年之后，可以探家了。连续二十天吃家里的饭菜，一下子恢复了舌尖上的记忆，因为在部队的四年里，已经习惯了"老三样"，似乎忘记了上海小菜有多么好吃，多么精致。回来再次吃"老三样"，真是难以下咽了。归队时，在王家山车站下了长途汽车，走回营地。正值早春，这里还是寒风料峭，没有了江南的花红柳绿，放眼望去，除了干旱的黄土地，见不到一个人影。形影孤单地走在小路上，心里有一种莫名的沉重感，

图 9 笔者已着四个兜的军上衣，此为提干后的佩枪照。

长期干的思想出现了一丝裂缝。裂缝的加深也和这次探家有关，因为提干了，可以戴手表了，父亲给我买了一块瑞士的英纳格日历手表，在那时算是很时髦的了。但是仅仅过了一年多，我的这块表就离奇消失了。平时同一寝室的战友关系都不错，我打球或洗漱的时候，都是摘下手表，随手塞在枕头底下，可是偏偏有一天，打完球以后，枕头底下的手表竟不翼而飞了。报告了中队领导，他们也没办法，只是在点名的时候，要求大家"斗私批修"，可是思想教育不是万能的，最终手表也没有下落，事情也就不了了之了。随着时间推移，年龄增长，个人问题也摆上了日程，归心似箭的感觉越来越强烈。

70 年代后期，邓小平复出，开始了较大规模的裁军。前面两批，已经有战友陆陆续续转业了，到了 1979 年，传说第三批军转干部是末班车了，只好直接找大队长张特世要求转业。我知道张大队长是希望我长期干下去的，因为我的三等功就是大队长临时上报争取的，当年班组和中队都没有评选过三等功，我也不知道有这回事，直到有一天，通知我到西灰岭参加立功授奖大会，我还蒙在鼓里，不知咋回事。那天登上主席台，由领导颁发证书，其他人的立功证书，都当场颁发了，只有我的证书还没制作好，是事后补发的。我立三等功，是因 1973 年我当班时，搜索发现了某大国介入中东战争的运输航线，大队长事后为我力争到了这项奖励。直到今天，我还是要感谢大队长对我的器重。找大队长要求转业时，我心里真是忐忑不安，觉得愧对了大队长。好在大队长没有为难我，那一年我的转业申请报告被顺利批准了。

现在回想那三句话，"红在一团"，我显然没做到，在技术团我不怎么求上进，带"长"字的工作，哪怕是副班长、副组长我都没干过；"死在一团"，更别提了；只有"专在一团"，自认为算是基本上做到了。总体上是五分缺点，五分成绩。但我可以无愧地说，我人生最珍贵的青春，给了十中队，给了四大队。有道是"铁打的营盘流水的兵"，部队毕竟是年轻人的世界，老兵退役，新兵入伍，才能保证部队的战斗力。最近看到战友故地重游拍摄的四大队营房的照片，昔日的营盘已荒废破败了，令人唏嘘不已。

1979 年 9 月，战斗、生活了十一年零两个月之后，我走出营房，离开了蝎子山，离开了永宁镇，离开了延庆县，内心真是百感交集。在山脚下，我最后回望了一眼蝎子山和部队的营房，既有对部队的留恋和惆怅，也有对未来的期望和憧憬。

云南路上两家人

李　硕

　　云南路是青岛西镇的一条老街，20 世纪五六十年代，这里人口稠密，商贾辏集，街上熙熙攘攘，充盈着平凡而温馨的烟火气息。

　　我们家是在 1958 年迁入郓城北路 16 号的，那年我九岁。

　　郓城北路 16 号是一所不起眼的二层小楼，但是具有两个显著特征：一是它位于整个西镇的制高点上，从楼上望去，四通八达，路口的市井物色一清二楚。如果能够在它的基础上再加高三五层，那么整个胶州湾从南到北都将一览无余。二是它正处于郓城北路和云南路交叉口，市政部门利用它的外墙修建了一处公厕，周围居民众多，早晚门庭若市，附近的老百姓豪迈地称其为"云南路大茅房"。这个称谓确实响亮无比，一下子取代了院落的门牌，所以那时候经常有人介绍我说："他家就住在云南路大茅房楼上。"这个称谓有明显的毁人声誉的意味，我却无法用一两句话向别人解释清楚，故此深为沮丧。

　　其实郓城北路 16 号只是正门开在云南路上的院落通往二楼的一个旁门，当时楼上住了四户人家，走廊两侧每家都是一间屋，这一点充分体现出西镇住户的平民本色。我们家住在东

图1 20世纪90年代青岛云南路中段街景，依稀还有旧时模样。

南角，两面窗，周围没有高楼阻挡，通风和视野很好，天一黑，如果站在云南路西藏路口，远远就可以眺望到我家窗口亮起的那一团昏黄的灯光。楼上其他三户是东海人，兄弟妯娌关系，各自成家分居，我们分别称呼为"二大娘""三大娘""四叔"……因为母亲是教师，楼上唯一的知识分子，邻居们给予她充分的尊重。

新家十四平方米，有一个木梁搭的吊铺，家里摆了一张大床，是母亲、妹妹和刚刚一岁的小弟的卧榻，还有一张方桌、一架梳妆台和一套炉具，我和大弟爬上爬下睡在吊铺上。那吊铺没有挡板，有一次我半夜翻身一头栽了下来，虽然没受伤，却吓得母亲从此拆了吊铺又在屋里装了一张单人床，兄弟俩打通腿挤在一起。

计划经济的年代，每个人只发很少的布票，做衣服都不够用，所以楼上几家人都没挂窗帘，不知为什么也没有糊窗纸，从走廊上就可以窥见各家的饮食起居，几乎无隐私可言。好长一段时间，我们家没有表，不光没有手表，连挂钟、座钟和所有能够显示时间的仪器都没有，于是我们兄弟每天无数次地跑到走廊趴在四叔家玻璃上往里瞅墙上的挂钟，惹得人家不胜其烦，尤其是碰上四婶换衣服的时候，幸亏我们那时年纪小，否则必然遭到一通臭骂！

那时母亲在定陶路小学教书，大炼钢铁的年代，学校操场上小高炉一直在冒烟，上级交给的任务没完成，炼出来的铁疙瘩质量不达标，这关系到国家宏伟蓝图能不能如期实现，是大是大非的问题！于是，校领导动员全校教职员工加班加点连轴干，白天上课，晚上炼钢。

一天下午放学的时候，母亲告诉我，晚上她要去石炭线拉煤，恐怕很晚才能回来，让我在家照顾好弟弟妹妹。我虽然还不到十岁，可就在那一刻我突然觉得自己长大了，可以帮助母亲了！于是我让八岁的妹妹在家里看着两个弟弟，坐在母亲拉着的地排车上跟着长长的车队出发了。石炭线就在孟庄路和杭州路交叉路口，是日本人占领青岛时期专门运输装卸煤炭的一个小火车站，离西镇的定陶路小学有五六里地之遥，我从来就没有去过那么远的地方。借着火车站微弱的灯光装了满满一车的煤，妈妈主驾，我和另外一位女老师分列两侧拉边绳，三人一齐用力拉车踏上了归途。不一会儿，我那稚嫩的小肩膀就火辣辣地疼起来，绳子仿佛勒进了肉里，车越来越重，道路起伏且漫长，我听到了妈妈呼哧呼哧大口喘气的声音。云南路大坡——最艰难的一段路到了！午夜时分，街上没有一个行人，只有一弯冷月挂在天边。我已经不记得我们是怎样艰难地匍匐

图2 1964年，我小弟郭卫六岁时的留影。

着身体拼尽全力把煤车拉到了坡顶，我只记得停车休息的时候，妈妈欣喜地说了一声："终于回来了！"她用衣袖擦了擦满脸的煤渍和热汗，脸红扑扑的，眼睛如朗星闪烁着清澈的光芒。多年以后，等我渐渐长大经历了人生风雨，我才真正悟透了母亲的眼神。在母亲的精神世界里，她的资产阶级家庭出身，她在"整风反右"中犯了"错误"的丈夫，都成为她背负的沉重的包袱。那个时代，她只有忘我地工作和劳动，才能用汗水洗却心头的罪恶感，救赎自己的灵魂！

"三年困难时期"，我们一家五口全靠母亲微薄的工资和政府规定的口粮度日。家中经常无任何可以果腹的食物，不用说米面、蔬菜，甚至连酱油、醋都没有，因为弟弟饿急了会把酱油用开水冲在碗里喝下去。一锅菜窝窝还没蒸熟，三岁的小弟就会在床上哭喊："给我个大的！给我个大的！"现在想想，那年头我们兄弟姊妹没饿死真是命大！连老鼠都饿没了，猫也没了，都让人逮着吃了，家里的活物除了人之外，只有虱子和臭虫相伴。

下午放学后，母亲经常不和我们一起回家，留在学校里备课或批改作业，她塞给我几毛钱，说："你去市场看看，买点东西回家做给弟弟妹妹吃。"那时天桥旁边的西大森有一个自由市场，卖一些农副产品。我用五毛钱大约可以买到两三斤红薯或者南瓜。回家后洗净切成小块，稀溜溜地煮上一大锅，先把稠的给母亲留出来，然后连汤带水每人分一碗喝下去，赶紧钻被窝睡下，睡着了就不饿了。这样的日子持续了很长一段时间，从春到夏，从秋到冬。我少年瘦弱的身影，在斜阳的晦暗中走过长长的云南路，手里提着一点可怜的瓜菜，我要尽快赶回家中，我的弟弟妹妹正眼巴巴地趴在窗口，盼着我给他们带回去晚餐。

晚上的空闲时间，母亲会让我陪她去家访。最难走的路是"二院"，当时的"二院"是由好大一片用碎石和麻袋片搭盖的棚户组成的，住了数百户人家。晚上没有路灯，用手摸着墙走，总是我走在前面，母亲扶着我的肩，墙缝里透出微弱的灯光，还散发出烂白菜帮子的气味。没有门牌，母亲就大声喊学生的名字，有时会一下子喊出好几个孩子来，没有文化，穷人的孩子起名简单，重名的就多。母亲坐在家长递过来的小板凳上苦口婆心地劝说："你家孩子真是好学生，你们一定要让他上中学，学费我给他出！"母亲送的是小学毕业班，我非常担心她总给贫困生垫学费，我们兄弟就只好饿肚子了。

郓城北路16号，我们兄妹就是在那间小屋里卑微地一天天长大。1962年夏天，我考上了中学，位于西镇前海的青岛一中校园，天堂一样在我面前展开她如诗如画的容颜。

20世纪五六十年代的青岛一中，应该是山东省最好的学校之一。当时，她拥有超一流的办学条件和环境：学校占地面积广阔，相当于一所大学，体育场上铺设四百米环形跑道，中间是足球场；体育场西侧十二个标准篮球场、两个排球场整齐排列；东西两座欧式建筑的教学楼下还分别有一个大操场。校园里绿树成荫，四时花卉盛开，两个蓝宝石一般的碧湾里荷叶田田，锦鳞嬉戏；每天下午课外活动时间，运动场、球场上龙腾虎跃，学生们呐喊声浪远远就能听见；树阴下，三五成群的同学坐在石凳上交流功课，笑语盈耳……校园距海边不足百米，推开教室窗户，清新的海风扑面而来，胶州湾畔的旖旎风光尽收眼底。学校设有大礼堂，可以举办集会和演出；有宽敞静肃的图书馆；有可容纳数百名学生同时就餐的食堂，甚至还拥有一所植物园以及校办工厂……相比于办学条件，她的百年底蕴、内外兼修和科学规范的教学管理更值得称道：首先是具有优秀的教学传统，一中是青岛市历史最为悠久的学校之一，山东省重点中学，师资水平高，教师基本都是新中国成立前后名牌大学毕业生，各学科都有名师执教；再者，教学管理宽严结合，易于学生潜质特长的发挥成长和全面发展。学校创办了一流的管弦乐团，每天下午课外活动时间，就有美妙的乐曲在校园流淌；学校设置了黑板报长廊，创办了《跃进报》，分高、初中版面（我做了三年《跃进报》初中版编辑和撰稿人，毕业后支边、教书，后来真的进入《青岛日报》做了编辑）；记得那时学校也要进行期中期末考试，每逢考试前学校会放假一周，让学生们自由复习，居家在校均可，避免相互影响，老师们按时到教室辅导答疑。如此宽松治学，学生们却毫无懈怠，刻苦攻读，争取最好成绩。自初一到高三，各班级每周都开设半天的劳动课，学生们或去伙房帮厨，或去打扫校园和教学楼卫生，或去校办工厂当辅工，或去植物园浇水松土，培养了学生的劳动习惯和基本劳动技能。近百年的时间里，青岛一中培养造就了大批的国家栋梁之材，初有曾任中共中央政治局常委的罗干，后有海尔缔造者张瑞敏，群星闪耀，无以数计。以致我当了教师后，一直有一个梦想，如果我有能力，一定要复制一所当年的青岛一中，用来作为中国教育的一个模板。

就在我考入一中之时，我母亲担任班主任的六年级班里，有一个眉清目秀、略显羞涩的男生，名字叫黄镜清，母亲很喜欢他，喊他"镜清"。他家就住在云南路电业局宿舍，与我家遥遥相望。因为住得近，一来二往，两位母亲熟识并结为好友。黄大爷是市电业局的人事科长，为人朴实厚道，没有一点官架子。镜清身下有一个妹妹叫"镜华"，一个弟弟叫"镜寰"。当时镜清准备考中学了，妹妹也上了五年级，母亲和黄大娘商议，就让我每晚去他们家和镜清兄妹一起学习。黄大娘是个热心肠，性格爽朗，深得邻里爱戴，因此担任了街道办事处主管副业的主任，按现在说，也是位副处级干部。

黄大娘家住在一楼，两间临街房，邻居是新中国成立前的青岛电业局局长徐一贯老两口，民主人士，仅有陋室一间，两家出入走一个门，共用走廊做厨房。渐渐，去黄大娘家学习成为我的一种盼望，我特别喜欢黄大娘给予我的亲切和温暖，那

图 3 20 世纪 60 年代末，黄大娘一家的全家福。

时我母亲拉扯着我们四个孩子，工作繁忙，生活艰辛。"三年困难时期"，我饿得皮包骨头，黄大娘看在眼里疼在心里，经常我一进门，她就会从炉子上热锅里拿出一块地瓜或苞米饼子塞在我手上，嘴里说着："趁热吃，趁热吃吧！"以后的岁月里，每每想到这一幕，我都会有一股暖流充溢胸间，热泪盈眶。

初中毕业后，我竟然失学了！我应该是品学兼优的好学生，为什么会没有学上？我想不通。那段时间，是我人生中最为灰暗的时光，我垂头丧气无所事事地走在街上，感觉人们都在用鄙夷的眼色瞅着我。就在这时候，黄大娘找到我，她爱怜地对我说："孩子，别难过，跟着我干吧！"我点了点头，恨不得一头扑到她的怀里喊一声"娘"！

就这样，1965 年秋天，我去街道副业组电工队当了一名学徒。电工队有十几个人，人员良莠不齐，有电业局退休的老工人、解除劳改劳教人员、待业青年及其他社会闲散人等，办事处把他们组织起来挣一口饭吃。主业就是给电业局、各区房管办打零杂，维修市区民用电设施。我有了这一份工作，不光有了收入补贴家用，还有了自由，不用去参加街道"劳动后备讲习所"的政治学习和诸如打扫卫生、挖树坑等义务劳动，心里暗自庆幸。

但是，我终于摆脱不了失学带给我的耻辱，1966年春天，我搭上参加青海生产建设兵团的最后一趟火车，去了雪域高原。数年后，妹妹也下乡插队，郓城北路16号只留下母亲和两个弟弟相依为命，在"文革"的凄风苦雨中艰难度日，期待时来运转。

图4 20世纪70年代，黄镜清在东海舰队当兵时留影。

图5 1975年，全家福。当时我已结婚，家里多了一口人。

　　未几，镜清参军去了东海舰队，在福建省福鼎县；镜华下乡插队，家里只剩下一个小弟。那段岁月我与镜清多有书信来往，友谊未减。两位母亲往来更加亲密，遇到困难总在一起相商相助。我每次从青海探亲回到家乡，第一个要探望的长辈亲友就是黄大娘。就连谈恋爱，都会把女朋友带去给黄大娘瞅瞅。

　　70年代初的一天，镜清从部队回青岛探亲，正在家门口与熟人攀谈，遇见了我母亲，和跟在母亲身边的一位二十岁上下的妙龄女孩。他赶紧向老师打招呼，同时和女孩相互瞅了一眼，谁知这一眼就订了两人的终身。那女孩名叫张素霞，是母亲曾经的学生，彼此亲近，形同母女。女孩长大后出落得水灵，清纯脱俗，是西镇远近闻名的美女。就在那天晚上，镜清登门看望老师，其实是为了打听白天遇见的那位女孩。母亲看穿镜清的心思，便动了为他们穿针引线的念头。过了几天，母亲把张素霞叫到家里，开门见山问她对日前见过的那位男青年的感觉。其实当日张素霞面对身穿军装、高大帅气、容貌俊朗的镜清，已经一见倾心，于是便向老师袒露心迹，这段美好爱情就此掀开序篇。

大概只过了一年的光景，镜清从部队复员回到青岛，子承父业进了电业局工作，他与张素霞进入热恋阶段。那时社会风气还是比较封建，男女青年谈恋爱都是偷偷摸摸，地下作业，于是我家成了他俩的爱情小屋，我的小弟担任交通员传递情书，他俩约会时就把我的两个弟弟赶到大街上去，直到现在我的两个弟弟还为此耿耿于怀，见面就和镜清、素霞打趣。70年代后期，镜清和素霞结了婚，我和妹妹还有镜华相继都从青海和农村回城。

图6 20世纪70年代，镜清、素霞的结婚照。

时光荏苒，90 年代后，两位母亲均已退休，镜清和素霞的儿子黄晓明渐渐成长起来，晓明像极了他爸爸小时候的模样。他们夫妇工作很忙，晓明放学后就来我母亲处做作业，顺便让母亲辅导一下功课。我母亲教了四十年小学，是青岛市第一批特级小学教师，很有教育经验。晓明很乖，学习认真，成绩一直不错，这与我母亲的管教或许有点关系，以至于当黄晓明长大成为著名演员之后，念念不忘我母亲对他的教诲。有一次北京电视台给他做专题节目，他对编导说："我建议你们去青岛采访一下我的郭奶奶，没有郭奶奶就没有我！"

黄晓明和他父亲、姑姑以及我们家兄弟一样，也是青岛一中毕业的。当年他考大学时，同时接到了浙江广播电视学校和北京电影学院的专业考试合格证书，究竟去哪所大学上学，他

图 7　20 世纪 80 年代，黄晓明（右三）在我母亲家玩耍。

图8 20世纪90年代末，黄晓明上大学时假期回青岛看望我母亲。

父母犯了难，便一起来我家征求老师的意见，我母亲认为应该去北影，既可以见世面，又能学到更多的东西，这才统一意见，决定送黄晓明去北影上学。黄晓明是个懂得感恩的人，成名之后无私为青岛一中投资扩建了教学楼。

黄家的兄妹三人后来都去了电业局上班，因为工作积极，能力突出，很快都被提拔到业务部门的领导岗位上，镜华还曾经多次被评为山东省电力系统的先进工作者。

至于我家兄妹，经过时代艰苦磨砺，虽然一路坎坷，个人却不甘碌碌无为，后来发展得也都不错。

我妹妹初中毕业下了乡，返城后她考取了华东政法大学的函授生，毕业后成为琴岛律师事务所的一名在编律师，受聘担任青岛啤酒集团的法律顾问。

　　大弟"文革"中初中毕业，在学校基本没学到什么知识。动荡的年代他没有荒废时光，练就了两种本事。一种是自学了外语（日语和英语），凭着他的努力和外语水平，改革开放后成为一家中外合资大型食品公司的副总。另一种是爱好音乐，各种西洋乐器包括小号、圆号、双簧管、大提琴等无所不能。退休后他与音乐界的朋友协力组织了青岛音乐厅交响乐团。青岛音乐家协会主席连新国曾开玩笑地对我说："你弟弟玩票玩成了专业水平！"

　　我的小弟弟赶上了好时代。70年代末他考取了青岛医学院，毕业后分配到青医附院做大夫。他有更为远大的志向，陆续攻读了硕士、博士，后留美做了访问学者，直至四十岁学成归国，进入北京大学人民医院创办骨肿瘤研究中心。二十多年里，他孜孜矻矻，潜心研究，终于率领团队站到了骨外科手术世界最前沿（这是中华医学会对荣获"中华好医生"称号的郭卫教授的评价）。他的专著成了医学院校的通用教材；他规范的骨外科手术流程推广到全国乃至国际，他被选为国际骨肿瘤研究会主席、国际保肢学会主席，被授予医学界最高荣誉。他在云南路上长大，志存高远，全身心投入医学事业，几十年心血铸成功德，挽救了成千上万患者的生命，造福民众。

　　如今，我们两家的老母亲已经驾鹤西去，第二代人也都是皓首白发，第三代人走入中年。大家虽然平时很少见面，每逢佳节或者镜清、素霞回到青岛，仍然相约聚会，亲密无间。两家人在不同的生活道路上相互鼓励，相互温暖，两家人的世代友谊也将源远流长地传承下去。

从"酱园"起家

陈道彰 口述　龚玉和 整理

旧时，杭嘉湖一带有"三缸"之说，也就是酱缸、酒缸、染缸。造酱、酿酒与染纱与民生经济密不可分，有经营稳当，工具简陋，成本低赚头好之称，由此，三缸文化成为江南城镇的一个特色。

酱园，也就是专业生产酱油、调料、面酱、酱菜的传统企业，典型的传统店铺门面，外观一色大白围墙，粉墙上写着硕大的黑体"酱园"二字。1921年，杭州酱园同业公会成立。《中国实业志》记载："浙江酱园有单独制酱者，有兼营酿酒业者，酱园之多，首推杭州，计有322家，加上全市兼零售店家多达889家。"

杭州的"正兴复记酱园"所产之酱菜，以甜脆、咸香在全市闻名遐迩。

正兴复记酱园原名正兴酱园，在城内的二圣庙前，店主一家有百余人，一个大家族，聚屋而居。清咸丰十年（1860），世祖陈俊卿十二岁时，太平军攻占杭城，全家老小，除了陈俊卿与胞弟陈孰卿及姑妈四人幸存外，皆失散于战乱，二圣庙宅所亦被战火焚毁。

图 1 陈俊卿夫妇

　　战后，俊卿公回到杭州，重整旧业，人口渐增，租住忠清巷一所院落内，后来，又在城内的下羊市街 70 号购置宅所。

　　一日，俊卿公获悉，早年嫁给杭州大户朱氏家的姑母的夫君朱智，在京城做了兵部侍郎。朱家当年在杭、婺开了多家商铺。由于与朱家有姻亲联系，得到朱家鼎力资助，逐步赎回原在湖墅运河边开的正兴酱园，自此，另起炉灶，改称"正兴复记酱园"。

　　俊卿公（1849—1936），名士彦，出生于道光二十九年（1849），生有三子二女，长子陈奉常、次子陈星五、三子陈公典。

　　俊卿公治家甚严，一生方正俭朴，不苟言笑。嗣后，俊卿公将酱园传给次子星五。

俊卿公生前留有遗言，劝诫子孙，其云：

先严曾言，吾家劫后余生，门衰祚薄，今全家男女五十余人，恒产无多，羞堪温饱足矣！须知积财与子孙，有时而尽；积德与子孙，吃着无穷。世间只有勤俭起家的人，断无专恃遗产可以长久昌盛者。尔等宜力求自立待人，

图2　酱园小景

图3 陈星五

以仁爱厚德为怀，处世以节俭为主，尤以时时以推己及人为念。若无人情物理任意妄为，不仅为社会所不齿，且为鬼神所必诛。所谓为恶不灭，祖宗有德，德尽必灭也。

陈星五为人厚道，颇有经商头脑。童稚之年就在一家钱庄当学徒，三年满师回到本店。由于星五公聪慧过人，善理账务，深得祖姑父朱茗笙赏识，聘为朱家账房，后升为总账房，总揽朱家在杭城内外的典当、盐栈、米行等店铺，同时经营自家的正兴复记酱园。

由于经营得法，除了总店外，又开设了六家分号。

至20世纪30年代，事业达到顶峰，陈星五被选为杭州商会的副会长、酱园同业公会会长。星五公精于烟酒业，对全市烟酒公会提出的增加税收、减少漏洞等合理化建议，均被当局采纳，由于他匡算得体，安排得当，措施有力，被上司赏识，委以总揽全省烟酒业，并获得"浙江烟酒专卖局总理"头衔。

20世纪二三十年代，陈星五将事业渐渐扩展到其他行业，参股了电话公司、伟成丝绸公司、农商银行、汉文正楷印书局等事业。星五公不仅经营得力，家道中兴，而且重视子女教育，

图4 陈家四兄弟与父亲陈星五合影于私宅后花园。

图5 全家在上海租界

图6 陈道彰（左一）大学毕业时与同学合影。陈道彰先进入上海大同大学，后转到上海法学院，毕业于该校经济系。

特请当过蔡元培秘书的唐先生为儿女授课，教育甚严，不仅教授古文诗词，还要求学生撰写论文，就时政发表议论，子孙深得其法，事业上均有长进。

全面抗战爆发后，一家人避难辗转于德清、遂安、淳安等地，最后，在上海租界落脚。抗战胜利后，全家返回杭州。此时，儿女均已长大成人，大学毕业，转而从事多种新兴事业。两个儿子在上海经营大信银公司，一个儿子在上海创办了成业银号，并自办了一家制药工厂。由此，陈家后人从事祖传酱园行业者已不多。

新中国成立后，陈家子孙在各自事业均有建树，祖传酱园行业也就渐行渐远了。

福建协和大学旧影

吴巍巍

1916年2月16日，第一批新生走进了设在福州观音井的福建协和大学校园。而自1922年迁入永久校址魁岐后，协大声名渐起，求学的年轻人从各地纷至沓来。特别是从1927年国人林景润先生接任校长以后，加之1931年初成功在国民政府立案和1932年秋实行男女同学并收，协大的办学规模开始走上了不断发展的现代化之路。其生源情况、学生的思想状况以及学习的考核等情况是如何的呢？

一、生籍来源

1916年2月16日，福建协和大学第一届新生入学了，但这批学生并没有经过报名考试，而是直接推选的，这是由当时特殊条件所决定的。这批新生皆来自教会学校，即福州英华中学、格致中学、三一中学，以及厦门寻源、英华五间书院的第七、八年级学生（相当于大学一二年级），共计八十六人。其中有五十四名成为大学一年级学生，二十七名成为大学二年级学生，五名为特别生。由此，福建协和大学真正诞生了，成为

图1　林景润

当时中国又一所崛起的高等院校。

这样的发展态势可以从1933年秋学期在校新旧学生的几种统计上看出：首先是学生人数增多，已超过百人，并且由于女生的加入，使协大的博爱、服务精神更加发扬，增益大家庭教育气氛；再是学生生源地仍以福建省为主，但开始有突破，且学生来源于不同的社会领域，说明协大的有教无类；最后，学生除了四年制本科教育外，还有研究生名额，且开设有国文、教育、生物等八个科目。

1933年秋学期在校学生一百七十五人（研究生二人、四年级二十七人、三年级四十五人、二年级四十八人、一年级五十三人），且每年新生人数都在增加，尽管有时幅度较小。到迁校邵武前，这种增加的趋势一直维持着，如1934学年在校学生一百五十五人，其中男生一百二十人、女生三十五人，包括研究生一人、四年级三十六人、三年级三十二人、二年级三十七人、一年级四十九人。1935学年在校学生一百六十三人，其中男生一百二十五人、女生三十八人，包括研究生二人、四年级二十七人、三年级三十二人、二年级三十八人、一年级六十四人。

1938年5月底迁到邵武时，福建协和大学仍有教职员三十七人，到校学生一百四十五人。七年多后的1945年11月复校时，在校教职员有六十余人，学生总数六百余人。仅从这样的变化上来看，可以说，邵武时期是协大历史上的一个非常重要的发展阶段。

投考协大的青年学子增多，而录取率大多在一半左右。自全面抗战以来，全国各私立大学纷纷内迁，但招生规模和在校学生数仍在增加，这与中国抗日战争大环境有密切关系，即抗战建国的政治需要。与同期其他私立大学在校学生数相比，协大的学生总量并不太多，仅就福建而言，人数还是较多的。在邵武校区的七八年间，在校学生数的总趋势是累增的，反映了其办学规模日益扩展。协大学生的生源地广泛，不仅仅局限于福建省内，已经远布他省。

带着欣欣向荣的发展势头，自 1945 年底魁岐校区复校后，福建协和大学在校学生数继续保持在五六百人，如 1948 年秋学

图 2 魁岐校园一瞥

图 3　第一届毕业生合影。

期的在校学生数为五百七十六人，其中男生四百七十一人，女生一百零五人。学生的省籍，主要有福建（五百零九人）、江苏（四人）、浙江（二十一人）、安徽（三人）、江西（二十六人）、湖北（一人）、湖南（二人）、河北（一人）、广东（九人）等。可见生源地较广，有的学年还招收了港台及南洋地区的学生。可惜的是，协大从港台和南洋地区招考入学的学生数，因资料缺而难以统计。福建协和大学先后招收了几名台湾学生，其中包括林炳垣、林澄水和钟天爵。林炳垣于 1924 年 7 月毕业于台南长老教中学，1925 年考入协大，1929 年毕业。根据《协大校友》第 75 期（1946 年 7 月 1 日出版）记载，1946 年，协大"全体留台校友于 3 月 31 日下午 3 时半假中山堂举行茶会，讨论校友会进行事宜。会中林校友炳垣报告渠二十余年前毕业时，文凭上所书籍贯系台湾省台南人，此文凭于最近方自沪寄到，重睹之余，益佩母校有远大的识见及护国的精神"，"在领事馆服务的林炳垣氏为校友中之老前辈，林炳垣、林澄水及钟天爵三校友系台籍人，尤属难得"。到复校魁岐校区后，协大曾向台湾地区公开招考。根据 1947 年 6 月 30 日厦门《江声报》报道："（中央社台北二十九日电）私立福建协和大学今夏决定添设台湾考区，招收台籍学生，报名日期定自 7 月 7—14 日，考试日期为 7 月 18 及 19 两日。内陆各地大学设置台湾考区者，两年来（按：台湾光复两年来，即从 1945 年 10 月 25 日起）当以协和大学为首创。闽台两省较近，交通素繁，闻过去日本人统治台湾时，即有若干憎恨日本化教育之台籍青年偷渡台湾海峡往投协大，读书该校。及于决定在新加坡设立考区招收华侨学生以外，再设台湾考区，并将降低标准，俾使台省青年多获录取机会。此间教育人士颇为重视此事，彼辈人士且称台湾大学今夏应在内地仍设考区，而内地其他著名各大学亦均应来台湾增设考区。"

当然，入学学生数只能从数量层面上来反映福建协和大学办学声誉和教育质量，而毕业生人数则能从较高的层面或者说是从质量方面来说明协大教育的进步。从 1919 年底首届毕业生五人起算，到 1951 年春的第五十四届毕业生五十七人止，协大在艰难办学的三十五年间共培养出毕业生一千三百余人。这千余名毕业生是全寄宿生，并于四年间修业合格，拿到（美国或中国本科教育）学士学位的优秀毕业生，不含在协大与华南女子学院合并前入学而毕业时领取福州大学毕业文凭的合格毕业生。如前所述，协大是实行学分制的，只有在大学四年内修完规定学分，并获得毕业论文通过者，方可取得学士学位而毕业，所以不乏肄业生和转学生。这一千三百余名的合格毕业生，是协大校训精神的产物，也是协大教育效益的最好体现。这项成果在当时中国社会不发达的教育背景下，已经是个相当了不起的贡献。

二、日常学习与生活

为了对在校学生的思想、生活习性、志趣做一个深入的了解，学校训导处举行学生兴趣调查、心理测验，以及生活调查，并对调查的情况做综合统计分析。这种表格主要内容有家庭状况、经济状况、教育状况、社会及个人状况、宗教状况等。表格中所提出的问答也是丰富多样的，譬如对学科专业的兴趣、对今后职业的选择、与周围同学的关系、个人的业余爱好、社会活动的组织能力、平时喜欢的读物等都是调查问卷中的内容。1939 年的调查问卷统计显示：

1. 宗教兴趣

基督教 67.83 %；儒教 4.89 %；佛教 3.49 %；其他信仰 11.91 %；无宗教信仰 11.8 %。

2. 最喜欢的职业

教师 15.62 %；科学家 14.05 %；行政官吏 8.95 %；医生 8.59 %；空军 7.02 %；陆军 4.68 %；文学家 4.68 %；电气工程师 4.68 %；其他 45.01 %。

3. 最希望获得的奖励

奖学金 32.03 %；加入名誉学会 22.53 %；奖章 16.41 %；

留影纪念 15.65%；特别权利 8.60%；自由发表意见 0.78%。

4.个人爱好与志趣

多读喜欢的书 42.11%；思考 12.03%；欣赏艺术与自然 10.52%；增加学习之机会 9.02%；研究 6.01%；增加自由研究时间 5.26%；增加办事之才干 5.26%；多交朋友 3.00%；练就口才 3.00%；交际 2.25%；多有师长之指导 1.50%。

关于心理测验统计，其结果如下：

1.你喜欢哪种人辅导你

威严的 1.22%；坦诚忠厚的 53.70%；学问渊博的 17.10%；公平的 3.05%；善于社交的 1.22%；经验丰富的 11.60%；不善交际但待人诚恳的 2.44%。

2.当你行为不对时喜欢哪种的训导

记过 1.22%；通知家长 0.00%；暗中劝导 40.26%；减少权利 0.61%；道歉 1.22%；当场面责 1.83%；恳切坦白的警告 45.14%；间接的警告 6.10%。

3.与朋友最喜欢谈的话题

政治问题 12.80%；家庭问题 2.44%；经济问题 9.76%；健康问题 9.76%；宗教问题 4.27%；职业问题 6.10%；教育问题 1.22%；社会改良问题 6.10%；人格修养问题 15.20%；择偶问题 3.05%；批评别人 0.61%；求学问题 0.37%；其他 1.22%。

类似的调查还有毕业去向的调查。不过，最能直接反映学

图4 食堂

生言行及心理活动的，应该是级刊和毕业纪念册上的记述。在
这些刊物中，往往刊载对每个同学的评价和每个同学的临别
赠言。他们内心世界的表露，使世人对学生有进一步的了解。
1944年的同学毕业纪念册上的一段文字，对林则徐的五世孙、
协大英文专业的学生林纪焘有印象深刻的素描：

    生活过得如是有规律：每天都是定时起床、睡觉、散
步、读书，和朋友往来。他的兴趣是多方面的。和他谈话
时，他会告诉你，各国海军的组织、空军的设备、战舰的
吨数、飞机的速度等，假使问他美国情形，更是了如指掌。
高中时，有一位美国教师说，对美国的熟悉，我不如他。
    他是先贤的后裔，绝无恶习，而且温文尔雅，富幽默，

我与他同学几乎十年了，没有见过他与人（发生）口角，但他不是圆滑之流，他常自艾短于人，实际上他是最长于交际的人，淡而不俗，故人好与之交。

他理想（是）做个自由职业者，可以无拘束地研究他所要研究的。他的家庭是幸福的，但尚缺乏一个可寄托心的人呢！

1949 年的级刊特刊上亦对一百三十九位同学做了描述，各有侧重，文字生动，读来如见其人。例如对刘宽的介绍说："刘君是顶讲究营养的，每次假期结束归校，总有大批物质带来，鸡蛋、猪油、牛奶、鱼肝油是四时不缺的。他不但是一位营养专家，而且特长于烹饪，红烧肉，炒猪肝，件件精通。"这从另一个侧面看到校园的学生生活。学生们的临别赠言，有的慷慨激昂、有的掷地有声、有的默默无言。实质上都反映了走出协和大学校门的各个人不同的志向。1944 年毕业的林任图，其临别赠言为"离别时，我们会流露出人类情感的泪，但是我们应该忍受着这一滴泪的奔放，用实在的力量去参加国家生存的斗争"。另一位同学潘其西的赠言是："博爱、服务、牺牲是母校的校训；勤奋力行，是本级的级训，所以我们应勤于服务，奋于牺牲，力行博爱，这样才不会辜负对我们所期望的人。"与上述两位同学完全不一样的孙文卿，却是这样留下赠言："让沉默为我表达一切吧！"

从众多的同学赠言中我们可以看到有许多热血青年，忧国忧民，投身于中华民族的奋斗历史潮流之中，同时可以发现走出校门后也有一部分人感到彷徨，无所适从。历史总是偏爱那些执着追求、勇于挑战的人，昔日漫步魁岐、邵武校园的许多

图5 图书馆阅览室

图6 化学实验室

图7 生物实验室

人，已成为历史不能忘记的人物。

　　除了宿舍、食堂和运动场外，图书馆亦是协大学子们日常学习生活最常出入的地方。协和大学图书馆是当时全国高校有名的图书馆之一，藏书颇丰，内迁时特地雇了二十几条船，花去几万元，将两百多箱图书仪器运往邵武。学校有自己制造的汽油，有自己的发电设备。每当夜幕降临，图书馆及各个阅览室（男女阅览室分开）灯火辉煌，座无虚席，鸦雀无声，莘莘学子都陶醉在知识的海洋中。

三、考核与毕业

　　在四年本科学习期间，福建协和大学学生是要经过多样的多次的考核，取得所学专业所必需的学分，并能通过学校教务

图8 理学院

处等部门的考查，方可毕业并获得协大颁发的学位证书。

　　福建协和大学的学业成绩考核分为五种：日常考查、临时考试、学月考试、学期考试、毕业考试。其中，日常成绩考查，要根据各科性质，参酌下列各方式办理：口头问题、听讲笔录、读书札记、测验、练习实验及实习报告、其他工作报告。临时考试是由各科教师随时于教学时间内举行。学月考试于上课每四到六周后举行一次，每学期至少举行两次。学期考试于每学期终各科教学完毕时，就全学期所习课程考试之，不得提早举行。毕业考试系遵照国民政府教育部颁发的专科以上学校学生学业成绩考核办法办理之。

各科试卷由教务处规定格式，交由本校书局制售。考试时，由各教师依照参与考试学生人数，向书局领用并登入各该系账由。不同考试的方式各异，其中，临时考试用笔试或口试，由各教师自行决定，唯月考和学期考须用笔试。各教师于月考后一星期内，需将各该科学生成绩送交教务处，期考后两星期内须将成绩连同考卷一并交教务处存查。

上述各种考试成绩的统计方式大致是这样的：各科日常考查成绩与临时试验成绩合并平均计算，作为平时成绩。各科平时成绩、学月考试成绩及学期考试成绩合计为各科学期成绩，各占三分之一。

1. 学业成绩的记分和补考

福建协和大学学业成绩评分记为五等：（1）90分以上为甲等，即于修读规定功课外，益加以相当研究而具有心得者。（2）80—89分为乙等，即完成课程中所必修之工作者。（3）70—79分为丙等，只具平常成绩者。（4）60—69分为丁等，认为及格。（5）60分以下者，为不及格。凡学生修满各学系各年级所规定之学分数，得按之编级。

关于补考，须根据具体情况而对待。如学生因事未能参加月考或学期考试，应先期向训导处请假。经核准者，方得补考。若因病不能参加试验者，须于当日向校医取得证明书，呈缴训导处核准后，方得补考。补考时间在次学期开学前一星期内举行，逾期不得再请补考；但应届毕业生补考，须考试完毕后两星期内行之。或者，任何一位学生的任何学程成绩不及60分，但已满50分者，得补考一次，每学程应缴之补考费数额另定之。或者，某学生学期成绩不及格科目之学分总数，不满该学期修习学分总数三分之一，其不及格科目在50分以上者，得予补考一次，补考成绩及格者，概以60分计算。但是，如果学生无故不参加某学程学期试验者，不得补考，该学程之期考成绩以零分论。或某学生对于各科教师指定应修课业，在学期结束时犹未完竣，经各科教师同意并呈请教务处允准者作为"不完全"论。凡不完全课业，均须于次学期开学后三星期内补完，逾期未补完者概以不及格论，不得补考。

2. 学生学业成绩不合格的处理办法

福建协和大学对于一年级学生的学业成绩考核不合格的处理办法是：（1）凡国文、英文及主修学科中之任何二科不及格而总平均在60分以下者应令其退学。（2）凡成绩平均在65分

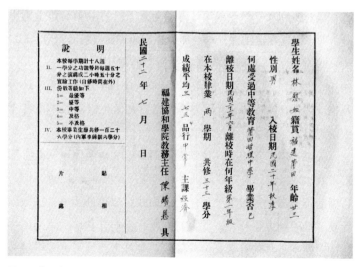

图9 学业成绩证明

图 10 1926 年毕业生合影。

以下者，应编为试读生。试读生在试读期间学业成绩之平均，第一年级学生须达 65 分以上，二年级以上学生须 70 分以上，始准续学。（3）凡成绩平均在 70 分以下者，应予警告。对于旧生，教务规则规定的退学情形有 3 种：（1）每学期所选学程，成绩有三分之一以上不及 50 分或二分之一以上不及 60 分者，不得补考，均勒令退学；（2）每学期所选学程，成绩有三分之一以上不及 60 分者，不得补考，前项学生，次学期修习学分应减少四分之一。前项学生次学期成绩不及 60 分学程之学分数，仍达该学期修习学分总数三分之一者，应勒令退学。（3）必修科目二种以上重读二次不及格者，应勒令退学。

3. 协大学业成绩的记录备案

福建协和大学实行学分积点制，每学期成绩在 90—100 分者，为四积点；80—89 分者，为三积点；70—79 分者，为二积点；60—69 分者，为一积点。60 分以下者不积点。学生所修之学分及其所得之积点，俱由教务处注册课登记于学业成绩簿上。这些学业成绩簿是按照院系各年级各科目逐一来有序登记的，有利于学生毕业前的综合审查和档案保存。

福建协和大学为促进本校学生在四年大学的学习和生活中确实学有所获，并能走向社会实践真正服务人群的使命，素来重视学生到毕业时所应达到的条件，因此多次颁布过严格的毕业标准。虽然它们的基本点是相同的，即品行操守优良、学业成绩合格和毕业论文合格三大方面。

毕业条件有七点：品行优良者；修完 126 学分，并由诸学分中获得 84 积点者；修完一切必修学程者；修完必修组及选修

图 11 1927 年夏第十届毕业生合影。

图 12 1932 年毕业典礼合影。

图 13 1935 年毕业典礼合影。

组功课者；修完主系课程者（以 36 积点为最少限度，每生应修学程由本系主任酌定）；毕业论文经评定合格者；第四学年须在校内寄宿。

　　所列七点，第一点属于政治思想范畴，是福建协和大学基督教文明和中国文化精华相结合的博爱、牺牲、服务精神的集中表现，大凡没有违反校纪者均能符合条件。第二至第五点当数学业成绩的问题了，即我们今天所提倡的智育成果。第六点"毕业论文经评定合格"，是协大在学业成绩合格基础上迈向"研究高深学问"的初步训练，是不可缺少的教育内容。为此，协大详细地规定了毕业论文的各种要求：（1）毕业论文须于毕业前一年选定，在上学期开学两星期后，呈报教务委员会核准。（2）草拟大纲及编写论文时，步步须请本系教授指导。（3）在限定期间内，缴送教务委员会呈请正式许可，逾期者不准毕业。（4）每生须将论文抄写两份以备保留。同时，又要求毕业论文的内容必须包括六项：参考用书一览，过去研究之历史（过去研究本问题之学者、研究之方法），目前工作报告（阅读、试验、调查、考察），对于研究成绩之批评，研究结论，论文撮要。毕业论文完稿后，其文本格式也有严格的规定。因为学生来自不同专业，毕业论文有用英文来写的，有用汉文来写的，所以有了两种文本，即英文本和汉文本。

1945 年英国人眼中的成都

刘 鹏

　　这本 1945 年由英国伦敦 B. T. Batsford 有限公司出版的《中国画册》收录一百零四张照片，照片虽然已经泛黄，但装帧考究，图片印刷精美。照片拍摄者是一位名叫齐尔·比顿（Cecil Beaton）的英国摄影师，全面抗战期间，他被派往中国，途经四川、云南、湖南、江西、福建、浙江、江苏、山东等地拍摄，汇集成册。齐尔·比顿在书的导言中介绍了拍摄经历，写道：

　　　　中国八年反侵略战争期间，照片记录了未被占领区的画面，从中可以看到本质不变的中国精神。在一所剧院的幕后，他们戴着奇妙的头饰，穿着戏剧服装，在混乱和肮脏中，他们像宗教法衣一样受到尊敬。细看这些图画，你也许会发现，中国人的骨子里都有戏剧的天赋。中国人民为生存而进行的不懈努力，近乎疯狂的劳动创造了一个奇异的田园诗般的景象……

　　今天向大家介绍的，是一组齐尔·比顿途经四川时拍摄的照片。当时抗战已近尾声，但大片国土依然沦陷，四川是大后方，有三百五十万军人出川参战，六十四万人伤亡，为抗战提供财力和物力的支持。

川剧正在上演

图1、图2拍摄于四川某地的一座简陋戏园子内，一场精彩演出正在上演，从墙上悬挂的牌子看，写着"全部岳飞"，应该是剧目《岳飞传》。这座戏园子为二层楼，摄影师在台上、在昏暗的灯光下面对观众拍摄。有意思的是，不仅楼上楼下坐

图1　戏台下的观众

图2 戏台上的演员

满观众，就连舞台一侧也坐满了人。一名十岁左右的男童坐在一张八仙桌上，在聚精会神地观看，连摄影师拍照的闪光灯也没有引起他的注意，可想而知节目是多么精彩。川剧的成型大约在清代乾隆年间。此时中国古代的昆腔、弋阳腔、秦腔和二黄腔传入四川，与四川本土的"川戏"相融合，逐渐形成了真正意义上的川剧。到清末，川剧的影响遍及整个四川，甚至在云南、贵州、湖北也拥有大量观众。辛亥革命后，川剧艺术延续了发展的势头，在成都的发展尤为兴盛。

　　1912年，川剧艺人联合八个戏班的一百多位演员和琴师、鼓师，组建了四川第一个川剧艺人自治的组织"三庆会"，最盛时"三庆会"达到三百多人，促进了川剧艺术发展。1913年，成都还成立了"教育会"，也致力于川剧革新，经常演出以时事为内容的新戏，被称为"时装戏"。四川各地的戏班也开始改组，重组为实力强、阵容整齐、有一定影响的新班子，如重庆地区的"义泰班""新民社"的扩大重组。川东地区各县"跑码头"流动演出戏班也合并重组，川北则经过重组，出现了"十合班"等。由于川剧繁荣，相应出现了培养演员的科班。据统计，全省较有影响的科班就有近二十家，为川剧培养了大批后备人才，尤其是培养出了女演员（之前川剧没有女演员）。民间的"玩友"和"围鼓"等票友组织更是遍布全省，不计其数。抗战时期，川剧演出异常活跃，地处大后方的川剧界人士积极投入抗日救亡热潮之中，各种抗战剧目、歌颂民族气节抵御外来侵略的传统剧目在全川广泛演出，鼓舞了民众及抗日军人的意志。

成都的茶馆

图3为摄影师在成都市一家茶馆所拍摄，可谓人满为患，民生世相巧妙地浓缩于方寸之间，仿佛昨日。作为"天府之国"腹地的成都，茶馆便是这座城市悠闲慢节奏生活的最好注脚。对很多成都人来说，坐茶馆已成为人们生活的重要内容之一，他们的一天是从喝早茶开始的。早起老茶客们便去坐茶馆了，他们呼吸着早晨的清新空气，茶客一起神聊，摆上龙门阵。待到茶水白了，方才神清气爽地回家。民国时期著名民主人士黄炎培到访成都时，曾写有一首打油诗描绘当地的"茶客"，其

图3　茶馆

中两句是："一个人无事大街数石板，两个人进茶铺从早坐到晚。"可见，在绝大多数成都人眼中，茶馆是他们人生记忆中最刻骨铭心的场景。

　　成都人爱好饮茶，远近闻名。在成都，茶馆还是重要的公共场所之一。据《成都通览》记载，清末民初成都街巷共计516条，而茶馆就有454家，几乎每条街巷都有分布；20世纪30年代中期，成都共有茶馆599家，每天茶客多达12万人，而当时全市人口还不到60万人。如今，成都的茶馆更是星罗棋布，大大小小，不下数千家，"喝在成都"的美誉也因此蜚声中外，以至于有人把成都茶馆与巴黎酒吧、维也纳咖啡馆并列称为"世界之饮"。

玩具、纸钱店

20世纪40年代，在成都市内一家出售玩具百货和葬礼饰品的店铺前，一对男女幼童正在玩耍。这时，恰巧摄影师齐

图4 卖玩具、殡葬用品的小店

尔·比顿路过这里，他用生硬的中国话呼喊，示意这对孩童在店铺前转过身来面对他的镜头。这对中国孩童显然没有见过外国人和他手里拿的家伙，照相的神情和身后的店铺就这样被照片（图4）永久地保留下来，穿越半个多世纪的时空，呈现在我们面前。

令人感兴趣的是，这家店铺同时出售玩具百货和葬礼饰品，墙上挂着玩具枪、羽毛扇和出殡用的纸人、纸花等，现在看来令人不可理解，可在当时人们却习以为常。

图5 废弃寺庙里的幼儿园，幼儿在吃饭。

对于那个时代的中国人来说，生与死的概念似乎是混沌不清的，也是不可分割的。一个人从出生之时起，就进入了早已被社会规范好的秩序里，一切都是按部就班的，没有也不需要清晰的自我；而"死亡崇拜"又深入文化的根基里，"死者为大"，当一个人死后，在阴间仍可"享受"阳间的一切物质生活。通过生者操办隆重的丧事、置办豪华的殡葬饰品，来为死者满足这一心愿。由此，中国绵延上千年的厚葬风俗就变得根深蒂固了。

寺庙里的"幼稚园"

摄影师齐尔·比顿选取了老成都市内的一所寺庙为拍摄背景，把寺庙内幼稚园这一民生世相巧妙地浓缩在方寸之间。照片（图5）反映了抗日战争期间，成都地方幼儿教育条件的简陋状况，竟然把寺庙作为办园用房。"蒙养院"，民国十二年（1923）实行新学制，更名"幼稚园"，招收三至六岁幼儿入园进行学前教育。照片里的孩子们，在众佛的注视与保佑里安然进餐，也未尝不是一种幸福吧！

取道烟台的"知北游"

朱相如

1949年春，中共中央在指挥解放军解放全中国的同时，也在积极开展新中国的各项筹建工作，决定邀请各界知名人士齐聚北平，参加新的全国政治协商会议，以共商建国大计。

其时，为躲避国民党的迫害，大批拥护中国共产党的民主党派领导人、工商业家、文化教育、新闻界的知名人士都去了香港。也有许多民主人士因身在国民党统治区，不能从江南直接进入北方的解放区。所以，早在1948年8月，中共中央就专门派员前往香港，和华南分局、香港工委一起，经过一年多的充分准备、缜密筹划，分批分期地把国统区的民主人士从各地集中起来，取道香港经海路安全地把他们送到解放区去。

遵照党中央的指示，烟台作为北方最早解放的港口城市，先后迎接和欢送了多批由海路前来的民主人士，转由陆路送他们前赴北平，让他们得以跨越重重障碍和各种困难，及时地参加第一届全国政治协商会议，为新中国的筹建工作做出了重大的贡献。

其中1949年2月28日，始从香港出发的这批途经烟台参加新中国筹建工作的著名民主人士，有叶圣陶、马寅初、王芸生、沈体兰、郑振铎、刘尊棋、傅彬然、陈叔通、包达三、张志让、宋云彬、徐铸成、赵超构、吴全衡、张纲伯、张季龙和柳亚子夫妇、曹禺夫妇等共二十七人。那时的香港，虽然不是国统区，但到处都晃动着国民党特务的身影。港英当局也在察觉到有民主人士要转道香港前往解放区的动向后，加强了巡查和戒备的力度。

为了确保叶圣陶等人的行程安全，中共代表潘汉年、许涤新、夏衍、乔冠华等人对这次行动的各个环节都作了精心的安排。2月25日他们开始从各地前来香港集结，为确保行动不走漏一丝风声，组织行动的负责同志让他们在成行前的两三天里，换了三四家旅馆住宿。27日，他们分头登上了挂有葡萄牙国旗准备北上的"华中轮"。这是一艘五百吨的小货轮，合法的搭客也仅有十二个人。为了顺利启程，上船前便把扮作搭客之外的人，化装成了船上的职员。其中，陈叔通、包达三等年迈老者装作出行的富商，带着随行的女士、小童，以搭客身份登船。其余的人则分别根据自己的擅长，选择假扮船上不同身份的员工：如宋云彬的身份变作了船上的总务，叶圣陶则成了船上的记账员，张吉龙出任副会计员，郑振铎变为船上的押航人员。而身材稍露富态的马寅初先生，出现在厨房里的锅灶前，当上了掌勺的"大菜师傅"。一向西装革履、风度翩翩的王芸生、徐铸成、赵超构、刘尊棋等报人主笔们变化更大，他们彻底放下了笔墨文人的架子，换上了一身精短工装，扮成了忙碌于舱房甲板上的船员工友。

尽管这番乔装打扮费尽心机，但还是没能避过意想不到的险情的来袭——第二天，2月28日上午9：30，开船前港务局的海关人员上船作例行检查时，翻查得颇为仔细，他们在马寅初手提箱失手撒落的瞬间，看到满地零散的东西里有一张可疑的照片，那是寅老全面抗战前与朋友们的一张合影，里面的人物全是西装楚楚、袍褂俨然的社会贤达。海关人员警觉地当即指称道，这船上肯定搭有重要客人，便打算扣船不放。当时身奉组织之命送马寅初他们上船的赵沨，见状便随机应变，掏出了两百港币，悄悄塞给了现场的海关警察，请他们前去喝茶，才得以度过了这场意外的惊险。

　　船离港后，柳亚子按捺不住心中的喜悦，迫不及待地赋作七绝一首："六十三龄万里程，前途真喜向光明。乘风破浪平生意，席卷南溟下北溟。"同船的诸位民主人士也仿佛是正在

　　图1　1949年2月，前往解放区的各界人士在"华中轮"上合影。第二排坐者右一马寅初、右二陈叔通、右三柳亚子；第三排右二叶圣陶，右三郑振铎。

从地狱奔向天堂一般，莫不眉飞色舞、心旌摇荡。此时，放松了神经的叶圣陶，也赋出了"世运方知春渐至，向荣致实愿双修"这样阳光的诗句，倾诉了他们历尽冬霜，久遭压抑，深盼春归的一腔衷情。

3月1日，一天的乘风破浪，让这些北归的民主人士兴奋得晚上也睡不着觉了。在诸多"乘客"自发举办的晚会上，他们吟诗、猜谜，欢腾了一个通宵。这台波涛伴奏的海上晚会的主题，是叶圣陶先生为大家出的一个谜语定下来的。这个谜语是"我们一批人乘此轮赶路，请打《庄子》的一篇名"。坐在他身旁、一向思维敏捷的宋云彬立即猜中了谜底——他答说："就是那篇《知北游》。"这个谜语不仅为这次海上的晚会规范了主题，还为这次知识分子的北上行程，冠上了自己的大名——"知北游"。宋云彬猜中了叶圣陶的谜底，便嚷着向他索要一首诗作为奖品。叶圣陶为此吟得了这样的一律："南运经时又北游，最欣同气又同舟。翻身民众开新史，立国规模俟同谋。簣土为山宁肯后，涓泉归海复何求。不贤识小原其分，言志奚须故自羞。"诗中充分表达了他们即将参与筹备新中国时的兴奋心情和坚定信念。沿着叶圣陶启动的诗兴，柳亚子迅速完成了一首和诗："栖息经年快壮游，敢言李郭附同舟。万夫联臂成新国，一士哦诗见远谋。渊默能持君自圣，光明在望我奚求。卅年匡齐惭无补，镜里头颅只自羞。"抒发了"万夫联臂成新国"时，"镜里头颅只自羞"的无限慨叹。一宿尽欢。4日早上，天灰蒙蒙透亮时，宋云彬的和诗也完成了："梦叟寓言知北游，纵无风雨亦同舟。大军应作渡江计，国是岂容筑室谋。好向人民勤学习，更将真理细追求。此行合有新收获，顽钝如余只自羞。"

这真是个诗意盎然的夜晚，当黎明的曙光射进舷舱的时候，陈叔通老人的"纵横扫荡妖氛靖，黾勉艰难国是谋""总冀丛生能解放"、张季龙的"开浪长风此壮游，八方贤俊喜同舟"等大气优美的诗篇也随着金色的朝墩诞生了。他们在诗中表达的涓泉归海复何求的心愿，以及要和人民一起参与新中国建设的铿锵心声，充分显示了他们对新中国的真诚热爱和无限向往。船行外海，风浪有些大，海上漂泊，难免旅途之苦。颠簸中"晕船者殆居半数"之多，但因为大家都沉浸在对新社会的憧憬之中，抑制和平复了许多旅途中的不适，心情也没有受到多大的影响。倒是文友之间的诗词酬和、每天都有的晚会，加上平时的谈天说地、高谈阔论……生生地将一次穿越风浪的渡海之行转化成了一次意趣横生的惬意之旅。柳亚子先生在3月2日的日记里记道："上午作诗，和圣陶下午雀战。黄昏开晚会，陈叔老讲古，述民元议和秘史、英帝国主义者代表朱尔典操纵甚烈，闻所未闻也。邓女士唱民歌及昆曲，郑小姐和包小姐唱西洋歌曲。云彬、圣陶唱昆曲。徐铸成讲豆皮笑话，有趣之至。王芸生讲宋子文，完全是一副洋奴神态，荒唐得不成体统了。"日记生动地记录了他们这次北上生活的惬意画面。

在行程的最后一次晚会结束时，与会者众意"谋一档全体合唱的节目"，他们绞尽脑汁，想来想去，最后还是选择了《义勇军进行曲》这首歌曲。巧合的是，数月之后，这首歌曲隆重地被选定为新中国代国歌。

3月5日下午，"华中轮"船抵烟台港。由于该船系葡萄牙的外籍轮，3时许，海关人员便先行登轮查验，4时多，待船靠上了码头，柳亚子立即便有了"阔浪长风六日程，芝罘登陆见光明"的诗句。叶圣陶在船进港时，也详细地记下了自己此时的所见所闻："山前屋舍并列，防护堤卫护于港口，山头有积

雪。"码头上，胶东军区参谋长贾若瑜和烟台市委副书记、市长徐中夫等党政领导人齐聚迎接"知北游"的著名民主人士。在马寅初先生的提议下，"知北游"一行与贾若瑜参谋长、徐中夫市长等领导，在烟台港码头上留下了珍贵的合影。泊进烟台港，踏上了解放区的土地，大家悬着的那颗心终于落地了。蔚蓝的天空下，胶东军区参谋长贾若瑜（1955年被授予少将军衔，是中国人民革命军事博物馆的第一任馆长）于热烈的气氛中，在码头上主持了烟台市委市政府举行的隆重欢迎仪式，让"知北游"一行的民主人士们备感解放区的温暖。

欢迎仪式结束后，所有的民主人士都被安排到那些外国人留下来的别墅里休息，捧出这些烟台最好的房间，接待奔向解放区的民主人士，充分表达了烟台军民对民主人士的坦诚与尊敬，也深深地感动了这些对新中国无限向往的社会名流。3月6日晨，年近半百的华东局秘书长郭子化、宣传部副部长匡亚明专程自青州赶抵烟台，代表华东党政军领导机关和解放区人民，对民主人士抵达山东解放区表示诚挚的欢迎和慰问。对于老相

图2　"知北游"一行进入烟台解放区上岸后的合影。前排左三为贾若瑜。

识郭子化的前来迎接，柳亚子怀有一种别样的激动。他在日记中留下了一段专门的介绍文字："郭子化先生，大家都尊称他为'郭老'，他为人和蔼，闻在淮海战役中，我方曾动员了野战军及民兵、民工近百万，在后方的供应和组织上，郭老曾担负过重要的责任。在迎接过我们一行不久，华东局决定南下，郭子化先生则留驻在山东，担任了中共山东分局成员和山东省人民政府第一副主席。"

柳亚子对解放区的热烈欢迎激动不已，便对各位领导都赠诗以酬，欣表心衷。其跋谓："六日华东局秘书长郭子化同志偕宣传部副部长匡亚明同志自青州远道来迓，各赠一绝。郭为苏北邳县籍，与睢宁为邻县；匡则苏南丹阳人，私淑亡友苏曼。"赠郭子化："旧雨睢宁未寂寥，远追周郭近张姚。天涯更喜逢翁伯，邳县人才此骏骁。"赠匡亚明："地覆天翻百战余，乡音入耳故徐徐。说诗匡鼎君无愧，同向樽前话曼殊。"这一天，"知北游"一行的民主人士集体巡视了烟台市区。当时恰逢国民党海军"重庆"号起义驶入烟台港之际，国民党的飞机频频来袭，所以烟台市区气氛有些紧张，许多商铺都已关门，市面上极为萧条。即使如此，民盟盟员徐铸成，还是看出了胶东半岛上的这座城市曾经的繁华，他在回忆录中写道："烟台相当富庶，各行业中，以孟家（即在北平开瑞蚨祥绸缎业之孟家富商）财力最大，不仅绸布业、钱庄、南货等均在其经营的范围内。"徐铸成先生还在烟台的一家书铺"淘"到了一本东北出版的《毛泽东选集》，非常高兴——"红布面、一厚册，如见异品，即购买一本。暇时详读，如获至宝。"晚上，郭子化、匡亚明又在合记贸易公司设宴，用张裕葡萄名酒享客，"宾主尽欢"。餐后，烟台党政军民"欢迎来烟民主人士大会"在丹桂街胜利剧院隆重举行，市领导徐中夫，民主人士柳亚子、陈叔通、张绚伯等，其间与群众亲切晤面，并分别在会上致辞。会后，民主人士与烟台群众一起观看了胜利剧团第二大队评剧部演出的《四杰村》和《群英会》。"其唱做皆不恶"。戏剧评论家徐铸成说道："演员年轻而极有功夫。盖烟台一带，平剧素有根蒂，旧北京剧界，一向亦视烟台为畏途也。"

3月7日，"知北游"一行离开烟台，移居离莱阳县城约三十里地的三里庄。为安全起见，民主人士被分别安排在当地农户家居住。徐铸成先生与傅彬然先生同居一室，因傅嗜睡，头一沾枕即鼾声如雷，声达户外，以至于糊着白纸的窗户都被震得发出簌簌的声响。徐铸成不胜其苦，曾说："每至深晚，蒙被后始能安睡四五个小时。"早晨起床后，他们看见农家院

图3 "知北游"一行离开莱阳三里庄（今属莱西）时留影。

墙挂满了地瓜干，屋顶及晾台上则晒满了玉米，房东告诉徐铸成，他们一年到头均以此为主食，平常难得吃顿麦子面食。在和村里干部闲聊时，村民从地窖里取出正宗的莱阳梨招待客人。皮色虽然有些发黑，但去皮后甜嫩无比，果然是名不虚传。

宋云彬在当天的日记中记道："此地亦为老解放区，军民融洽如一家人。十时许，招待者分别引导余等至农家借宿，余与刘尊棋同睡一铺土炕，被褥已然铺就，正解衣欲睡时，忽然，招待员又来敲门，谓顷悉此间屋主系一肺病患者，怕有沾染故已另觅借宿处，请即刻迁往新宿处云云。足见忠厚的烟台人招待之周也。"

3月8日，民主人士在附近另一村庄参加了为庆祝"三八"妇女节召开的华东妇女代表大会。叶圣陶先生应邀出席并在大会上做了讲话。晚上，当地党政军民又集会欢迎"知北游"一行诸人。会场设在大野田间，前列摆着炕桌，有烟茶瓜子之类招待，民主人士就地坐在铺地的褥子上。对于长期在大城市生活的知识分子，烟台人如此的仪式显得新奇别致，别开生面。叶圣陶在日记中记道："随后演了四出反映解放区生活以及军队优良传统的节目，有《拥护毛主席八项条件》《交易公平》《积极生产支援前线》《南泥湾开荒》等"，"场中蓝天为幕，星月交辉，群坐其中，有如在戏场之感，此从来未有之经验感觉也"。柳亚子还在会上自动要求登台致词，在激情的发言中大呼："拥护毛主席，拥护共产党，打倒蒋介石，打倒美帝国主义！"徐铸成回忆这一天时这样写道："连日所见、所闻，意识到我们已由旧世界、旧时代开始走进新天地、新社会矣。"对此，他们在日记和回忆录中都做了详细的记录，为后人留下了一份带有生命体温的鲜活记忆。

3月9日，"知北游"一行离开莱阳西行北平。那时，从烟台去北平，铁路尚未恢复正常行驶，华东解放区的领导就用轿车、吉普车组成了安全护送车队，在护送的同时还组织他们沿途参观，以加深对于解放区的了解和认知，加深对于解放区人民的感情和印象。18日上午10点，"知北游"一行经过近二十天的海陆兼程抵达北上的目的地北平。

（图文由烟台芝罘历史文化研究会提供）

征 稿

《老照片》是一种陆续出版的丛书，每年出版六辑。专门刊发有意思的老照片和相关的文章，观照百多年来人类的生存与发展。

对稿件的要求：所提供的照片须是20年以前拍摄的（扫描、翻拍件也可），且有一定的清晰度，一幅或若干幅照片介绍某个事件、某个人物、某种风物或某种时尚。文章围绕照片撰写，体裁不拘，传记、散文、随笔、考据、说明均可。

编辑部对投寄来的照片，无论刊用与否，都精心保管并严格实行退稿，文字稿恕不退还，请自留稿底。稿件一经刊用，即致稿酬。

来稿请寄：山东省济南市舜耕路517号书苑广场　山东画报出版社《老照片》编辑部

邮　编：250003

E-mail：laozhaopian1996@163.com

网　址：www.lzp1996.com

电　话：（0531）82098460（编辑部）（0531）82098460（邮购部）
　　　　（0531）82098479（市场部）（0531）82098047（市场部）

邮购办法：请汇书款至上述地址，并标明收款人"山东画报出版社有限公司"和注明所购书目。

邮发代号：24-177

《老照片》网站与微信公众号

官方网址：www.lzp1996.com

微信公众号：老照片编辑部

那年，在西藏边境乃堆拉

张聿温

西藏，圣洁而神秘的西藏，是我向往已久的地方。辽阔的雪域高原，奔腾的雅鲁藏布江，壮观的布达拉宫，庄严的扎什伦布寺，还有随风飘扬的经幡，散发着清香的青稞，象征着生命活力的和珍稀的牦牛、藏羚羊、藏獒、金雕……所有这一切，对我一直有着极大的吸引力。

1992 年 7 月，我作为《空军报》记者，终于有了一次难得的进藏采访的机会，如愿踏上了那方热土。如今三十一年过去了，那里的山水草木、风土人情和军人戍边的业绩还清晰地铭刻在我的记忆里，尤其是在西藏边境亚东乃堆拉的所见所闻，更是令我回味无穷。

由于特殊的地理位置和气候环境，进藏采访并不是一件容易的事儿，方方面面要做好充足准备。从北京飞成都后，要经过体检，合格后，再等候空军航空兵某师的值班飞机进藏。飞抵拉萨后，先停留几天，一面短暂休整适应，一面和空军拉萨指挥所相关部门听取线索汇报，商定采访路线。采访范围大致分三块，一是拉萨周边，二是南下经日喀则赴亚东，三是北上直奔那曲。最后经再三考虑，确定先南后北，由远及近，即先

图1 笔者抵达拉萨机场留影。

去亚东，后去那曲，然后再在拉萨周边活动。

我们这个采访组由四人组成，《空军报》记者两人——我和白春风；成空宣传处一人——宣传科长袁道斌；空军拉萨指挥所一人——政治部副主任方贤业。由于此前大家都熟悉，一路谈笑风生，很是融洽。

亚东距拉萨空军部队驻地不足六百公里，在今天人们的概念中，还不是"张飞吃豆芽——小菜一碟"，实在算不得什么，不过一天车程而已！但别忘了，这可是在西藏，而且是三十年前啊！名副其实的千里迢迢，山高路险。西藏地形复杂，道路蜿蜒曲折，主要是砂石路，有的地段还是土路，几乎看不到柏油路和水泥路。况且，当时部队装备的车辆车况也较差，还要保证行车安全。因此，路上花费的时间较长。中途我们在日喀则空军场站住了一夜，中间还到两个连队作了短暂采访，第二

图2 笔者与方贤业（左）在日喀则扎什伦布寺前。

  图3 采访组在界碑前合影。自左至右依次为：方贤业、白春风、笔者、袁道斌。

图 4 在国际邮政亭前留影。自左至右依次为：白春风、笔者、袁道斌。

天赶到目的地亚东时，已近黄昏。路上，袁道斌流了鼻血，白春风呕吐了一回，我和方贤业还算好。亚东的地理环境，真是奇特。刚才还在茫茫雪原上艰难行驶，严重缺氧让人嘴唇发紫，头痛欲裂，上气不接下气，而一进入亚东县境，汽车欢快地直下谷底，就到了另一个世界，宛如置身江南。但见四周绿色植被茂密，鸟声啁啾，溪流淙淙，五颜六色的野花竞相绽放，空气甜美，气温宜人，缺氧的感觉一下子消失得无影无踪。亚东，真是太迷人啦！

我们在驻亚东空军某部的采访和写作非常顺利。工作之余，还去了趟乃堆拉山口，一看边境线，二看国际通邮。部队陪同的战友介绍说，边境虽是中锡（金）边境，但对方驻守的却是印度士兵，国际通邮日是每周四、周日上午 11 时。我们选了个周四上午，吃罢早饭就出发了。到边境口岸的路极其险峻，汽

图5 笔者、方贤业（右一）隔铁丝网和印方士兵合影。

图6 笔者隔铁丝网与印军士兵握手留影。

图7 笔者在我方观察哨。

车吼叫着沿盘山公路爬高再爬高，遇不到行人，也遇不到其他车辆，四周是茂密的原始森林，路外侧则是万丈深渊，叫人胆战心惊。

到达山顶，也就是乃堆拉山口的边境线，我们才看清了边境概貌。乃堆拉藏语的意思是"风雪最大的地方"，其海拔高度说法不一，从四千七百余米到四千四百余米不等。山头上青草和灌木旺盛，开满野杜鹃，红色的居多，也有不少黄、白色的。再往下才是林木，一片葱绿。边境线上，拉着破旧的铁丝网，有的地方铁丝网已经倾倒，人可踏入。双方阵地哨所相距二十七米，各有观察镜，用望远镜看，印方公路一侧地势较平坦，公路是柏油的，而我方一侧则是沙土路。

按照约定，上午十一点整，双方开始交换邮件。只见印方一名邮政员在四名士兵护送下，远远地走了过来。其中两名士兵在远处停下，另两名士兵行至铁丝网站定。邮政亭在我方一侧，是座石块水泥结构的大房子。印方邮政员叫洛丁，我方邮政员叫亚林，是亚东邮局的年轻职工。二人握手，互换邮件，清点后在各自的登记簿上签字，然后印方邮政员离去。前后不足十分钟。印方的邮递员洛丁不苟言笑，我们用"哈喽"打招呼，他仍不回头。相比之下，倒是印军士兵显得比较友好。这位印军士兵肤色黝黑，个头很大，军衣颜色是水泥色，整体看上去倒也协调。他们没携带武器，只是扎着武装带。由于语言不通，我们无法交谈，但彼此均面带微笑，和善地握手、照相。

我们一行，庄严地在界碑前留影。碑石上刻着："中锡边境乃堆拉山口　中国人民解放军五六一八九部队　一九八八年十月一日立"。我当时不解，曾问陪同的战友：既然是中锡（金）边境，怎么由印度兵来站岗呢？他大致介绍说，锡金王国原来是个独立的君主制国家，后来被英国，再后来被印度强占，成为印度的保护国。1975年，锡金被印度吞并为一个邦。陪同的战友还介绍说，1967年，印军入侵乃堆拉，枪杀了我军一位连长，打伤我士兵多人。这是继1962年中印边境自卫反击战之后，我国与印度爆发的第二次严重边境冲突，双方军队展开了大规模炮战。冲突结果，互有伤亡，但印军并未占到什么便宜。再多，他就说不上来了。直到此次写这篇见闻，打开人民网搜索，才发现有关锡金、印度、乃堆拉的资讯非常多。从网上得知，乃堆拉山口距离亚东县城约五十二公里，距离锡金首府甘托克约二十四公里。历史上，通过乃堆拉山口的贸易路线是"茶马古道"的一部分。据说唐僧西天取经曾路过这里。

但无论怎样，1992年的乃堆拉边境，还是和平而安宁的。这一印象，一直存留在我的记忆中。

消逝的刘屯小学

刘光生

大半个世纪过去了，每次来到地处唐山市东南端的南刘屯，我都忍不住要在这片废墟上站一站。这片废墟是当年唐山大地震留下的，它的旧址是刘屯小学。它之所以让我伤感、凄凉，因为刘屯小学曾是我的母校，我曾在这里度过六年的难忘时光。

一

刘屯小学大约是在 1950 年前后建校的，附近居民都习惯称它"大庙""老姑子庙""皇姑庵"，因为这所学校前身就是一座香火很旺、规模很大的尼姑庵。

我是唐山解放前夕在这座尼姑庵附近的建设里出生的，对尼姑庵的旧貌留下了一些零散的童年记忆。这座尼姑庵建于唐代，整体建筑坐北朝南，庙门呈拱券状，上方题写着"古刹常明庵"几个大字。尼姑庵地势很高，门前有一道影壁，给寺庙增添了几分幽深和神秘的色彩。进出庙门有一道宽大的石头门槛，由于进出人多，磨得明光锃亮。尼姑庵占地约三四个足球

图1 小学五年级时，笔者（后左）和同班小伙伴杨东廷（后右）、陈学忠（前左）、卞宝光（前中）、刘贺光（前右）合影。

场大，庵院西面是一片圈起的坟场，其余地方为宅院，有几十间殿堂住室。我上学时，院内还散落着几块刻纹精致的柱石和墓碑，其中两块巨型石材，正面非常光滑，不知是从坟地挖来还是殿堂拆下来的，当作了乒乓球台；院内还长有十几棵粗大的古槐，两棵枝杈繁茂的老海棠，掩映在殿堂教舍中间，给小小校园增添了几分古朴、幽静和美丽。

我是1954年秋季入学的，当时按规定入学儿童必须年满七周岁，我由于贪玩家里管不住，母亲只好找到我本家叔叔——刘屯小学校长刘恩选，提前一年把我送进了学校。记得开学第一天，老师把我们这些小朋友领到学校操场上发的课本，课本扉页上印有一面鲜艳的五星红旗，国语课本第一课只有三个字："开学了"。这个操场是在原有坟地基础上平整出来的，听大人说，这片坟地平整前埋葬着从建庵以来几个朝代死亡的尼姑，由于很多墓前都竖立着砖塔，老百姓俗称它"塔园"。平整操场时砖塔被拆毁，挖出的棺材形状特殊，又宽又长。改建小学后，这座尼姑庵庙门、前殿及前殿西边的平房留给尼姑们，学校在原庵院东墙上另开了大门。除把原有大殿改为教室外，学校又陆续盖起几排石砌的标准教室。留在前院的尼姑们在新中国成立后陆续还俗出嫁，最后只剩下一个老尼姑，法号叫云龙，固守着剩下的残庙。这个老尼姑为了看家护院，养着一群大狗，这些狗非常凶悍，一天到晚蹲在庙门内外狂吠不止。平时，我们这些孩子都不敢接近庙门，上下学总是小心翼翼地绕着走。

图2　1957年，笔者（前右一）上小学三年级时和家人合影。前中为笔者父母，后中、左为大哥、大嫂，后右为二哥，前右二为妹妹，前左一为侄女，推车小孩为侄子。其中，妹妹、侄女、侄子为刘屯小学校友。

在刘屯小学念书，先后有三位老师担任过我的班主任，这三位老师都是女性，当时都三十岁上下。周丽章是我的启蒙老师，她中等个子，脸型方正，微胖。记得每次临上课打铃前，她都会站在教室门前，端着教具迎候我们。周老师任班主任期间，曾生了一个小孩，但不幸夭折，我亲眼见到周老师坐着人力车抱着小棺材，一路号啕大哭去坟地送葬。料理完小孩后事，周老师很快就回到课堂，当时她眼睛红肿，走上讲台第一句话就是夸赞夭折的孩子，说小孩手心长着横纹，本来是个有福气的人，可惜命不好。周老师对孩子疼爱，也同样体现在我们这些学生身上。我们班有个叫李云生的同学，家里很穷，平时衣着非常破旧，有一次周老师看见他棉衣几处露着棉花，一边责怪他妈妈，一边主动拿出针线给他缝补。侯淑英是我们三四年级时的班主任，她瘦高的个儿，戴一副黑边眼镜，说话举止温文尔雅。侯老师不单教过我，还教过我的妹妹、侄女、侄子，和我们一家人都很熟。侯老师性情温和，给学生的印象总是阳光、开朗的，其实她的家庭生活很不如意。在我印象里，侯老师爱人当时在政治上好像犯有什么错误，我到侯老师家串门，很少见到她丈夫，唯独有一次见到了，但他躲在一旁，始终警惕地望着我，不说一句话。侯老师有一双儿女，儿子叫小弟，活泼顽皮，爱踢足球；女儿叫小妹，漂亮开朗，也喜欢舞蹈、跳猴皮筋一类活动。小妹大概是为了想改变自己出身不好的命运，年纪不大就匆匆嫁给了一个粗俗的社会游民，婚后吵架不断，经常挨打。王淑媛老师是我们五六年级时的班主任，王老师也许是长期教毕业班的缘故，对学生的学习抓得很紧。当时我贪玩淘气，老管不住自己，每到夏天，经常趁学校午休偷偷到附近大坑游泳、到田园里偷瓜偷西红柿吃，学习成绩一直中

唐山宏中1960

图3 1960年，笔者（右）上小学六年级时，和大佞、刘屯小学校友刘艺文合影。

游偏下。王老师见我这"吊儿郎当"的样子很是着急，怕我考不上中学，几次找到校长告状（她以为校长是我亲叔叔）。一次刘恩选校长到我家串门，见我正在吃饭，半严肃半开玩笑地说："好哇，刘光生你是念书干瞪眼，吃饭抢大碗。"弄得我很不好意思。为提高我的学习成绩，王老师分配班里几名学习好的同学——卞宝光、杨东廷、陈学忠、刘贺光和我结成学习小组，后来我在这几位小学友的带动下成绩提高显著。其他任课老师，给我印象最深的就是于光远，他教我们体育。于老师事业心非常强，数九寒冬往往天还没亮，我们还在睡梦中，他就来到学校操场吹响口哨，召唤我们这些家住附近的同学快快起床，到学校去跑步。

我们班同学中，年龄一般都比我大几个月乃至一两岁，最大的是我们班长，叫李志明，大出一般同学三四岁。这位老班长当时留给同学的印象不大好，因为他总是以"老大"自居，时不时欺负我们这些年龄小的同学。记得他家路途较远，中午经常不回家，不知是由于家里穷还是故意想占同学便宜，经常不带午饭，饿了就和班里带饭的同学索要。1955年部队实行军衔制后，我们这些学生们平时就对军人很崇拜，对军人佩戴肩章更是羡慕。这时，李志明和几位班干部商量后，也按"官位"的大小，用纸各做了一副一杠几星或两杠几星的肩章，趁老师不在时，戴上这些"肩章"在教室里来回转悠，向同学们炫耀，把我们这些什么也不佩戴的"小兵"眼馋得不得了。李志明好像在小学毕业前夕就终止学业，参加了工作。

二

我上小学时，每次全校师生聚会仪式都非常庄严，除升国旗、唱国歌，还有一项特别内容——就是放飞和平鸽。放飞鸽子，今天的学生聚会已不多见，但在当时很普遍。因为那时解放战争、抗美援朝结束不久，人们对来之不易的和平生活非常珍惜，和平鸽正好寄托了人们的这种愿望。除放飞和平鸽，当时很多公共场所，都悬挂着毕加索1949年为巴黎世界和平大会画的那幅著名的"和平鸽"；学校教室和很多家庭，也都张贴着一幅"我们热爱和平"的年画，画面上一男一女两个充满童真的小孩，手里各抱着一只雪白的和平鸽。

那时学校经常举办少先队活动，每次活动，同学们都高唱《中国少年先锋队队歌》。这首歌由郭沫若作词、马思聪作曲，歌中唱道："我们新中国的儿童，我们新少年的先锋，团结起来继承着我们的父兄，不怕艰难，不怕担子重……"那时，同

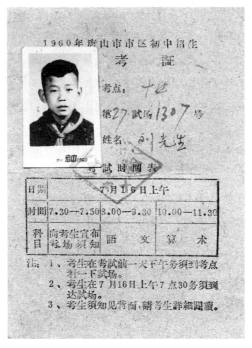

图4 小学毕业时，作者考初中的准考证。记得当年小学升入初中的录取率不足60%。

学们继承父兄未竟事业，献身理想、献身革命的愿望非常迫切。我是二年级下半年加入少先队的，入队仪式上，高年级同学给我们戴的红领巾，大队辅导员给我们讲的红领巾寓意："红领巾是红旗的一角，是用烈士的鲜血染成。"我们大队辅导员是一位从抗美援朝硝烟中退伍的军人，在我记忆中他二十岁刚出头，脸色黝黑，冬天总是穿一件用缝纫机轧成一道道的志愿军棉军装。当我们戴上红领巾那一刻，辅导员对我们的严肃问话，让我铭记至今："同学们，从现在起你们就是光荣的中国少年先锋队一员了，我问你们一个问题——当革命需要牺牲自己生命的时候，你们每个人是否能够做到？"当我们这些刚戴上红领巾的孩子机械地同声回答"能做到"时，辅导员却摇了摇头："我不需要你们立即回答，你们回去都好好想想，想好了单独回答我。"几天后，我主动找到大队辅导员，郑重表示：当革命需要时，我可以牺牲自己的生命！

20世纪50年代，全国上下都沉浸在对英雄无比崇拜的氛围中。当时，如果有人问我们这些小学生喜欢看什么电影，回答准是"打仗的"，喜欢听什么故事、看什么连环画，回答准还是"打仗的"。那时，《红孩子》《董存瑞》《上甘岭》《狼牙山五壮士》《仇恨的火焰》《五更寒》这些电影我不知看了多少遍，电影中苏保、张忠发、董存瑞、"五壮士"、蒋三、刘拐子这些英雄名字和他们的英雄故事，我"眼"熟能详。当时看电影特别有意思，当屏幕上出现八路军、解放军打胜仗时，我们这些孩子就使劲鼓掌、欢呼，当看到坏蛋欺负穷人时，就大叫、哭闹，爱憎分明而强烈。

学校经常请老红军、老八路、抗美援朝战斗英雄来校作报告，给学生讲战斗故事。一次请来一位长征干部，这位长征干部四十多岁，只剩下一条腿、拄着拐杖。他讲起红军过若尔盖草地的艰苦经历："当时毛主席都把马杀了，我们没粮食吃，就嚼草根啃树皮，后来连草根树皮也找不到了，就把皮带解下来煮着吃。"回到家，我曾把自己的皮带解下来使劲咬了咬，对红军长征时的艰苦经历敬佩不已。我们邻校——解放路小学有个经常拉手风琴的大队辅导员——后来知道叫浦秉富，脸部严重烧伤变了形，当我们听说他曾是志愿军文化教员，是在朝鲜战场上负的伤时，非但不觉得害怕难看，相反对他都十分崇敬。1958年秋，最后一批志愿军从朝鲜战场上回国，我们这些小学生曾到唐山火车站欢迎。我第一次见到真实的迫击炮非常好奇，当看到一门迫击炮挡板上有一个弹痕时，非要缠磨着迫击炮的战士讲战斗故事。

节振国，是从开滦赵各庄矿矿工成长起来的抗日英雄，他的事迹在唐山地区广为传颂。1958年春天，冀东烈士陵园在唐山市西郊落成，陵园烈士遗物展示厅里摆放着一把节振国劈杀日本鬼子用的大刀，我对这把大刀爱得魂牵梦绕，以至于每到

图5 1957年2月4日，刘屯小学师生欢送中队辅导员巩建中老师应征入伍。事情虽然过去了六十多个年头，但从相片中我还依稀辨认出几位领导和老师。第二排左起第二人是教我们音乐的范老师，第三人是刘屯小学校长刘恩选、我的本家叔叔，第五人是张（教务）主任，第六人是倪老师；第三排左起第二人是我五六年级的班主任王淑媛老师，第三人是我一二年级的班主任周丽章老师，第六人是教过我们体育的刘荣绪老师，第十人是我三、四年级的班主任侯淑英老师；第四排左起第五人是教我们自然和历史课的曹老师，第七人是教五六年级的申鼎臣老师，申老师没有直接教过我，是我妹妹的班主任。

星期天就跑到烈士陵园，专程去看这把大刀。那一年，反映节振国事迹的传记文学《赤胆忠心》（王火、刘谈夫著）出版，刚上四年级的我专门买了一本，反复阅读，以至于把这本纸张薄脆的书籍读烂。

我上一年级时，班里有个叫王玲五的同学，她的姐姐王姗五原在唐山一中读书，和我二哥是上下班的同学。抗美援朝时，王姗五坚决要求参军，牺牲在朝鲜战场上。王玲五只有妈妈，在市南郊的十五中教书，家离学校较远。当我从二哥口中得知王

图6　王玲五同学。当年上学时，小同学们已经知道王玲五的姐姐是抗美援朝烈士，小同学们对她都自觉多有关照。王玲五学习优秀，后来相继考上唐山重点中学十五中（初中）和一中（高中）。

玲五的情况后，每次放学都主动找到她，坚持送她回家。因为途中要过一片庄稼地和乱葬岗子，送她回来时我一个人非常害怕，但一想到护送的是革命烈士的妹妹，心里就充满荣誉和责任感。

三

20世纪50年代，是经济体制变革剧烈、各种政治运动频发的年代。我恍惚记得，童年时街道路口每到晚上，就有义务宣传员用铁喇叭宣讲抗美援朝最新战报、停战协定。我上小学时，赶上了"农业合作化""城市公私合营""整风反右""大

图7 1960年7月我们毕业前夕，刘屯小学体校优秀运动员毕业合影。前排左一刘文华、左三李志明（抱奖状者），后排左二张久宁、左三王玲五、左四李秀懿、左五王连弟都是我的同班同学，其中李志明是班长。后排左一是体育老师于光远。

跃进"等一系列运动，这些运动或多或少，都在我头脑里留下了印象。

1955年5月，"胡风反革命集团案"公布时，我正上一年级，记得家门口南大门外，挂着一排揭露"胡风反革命集团"的连环图画。当时学校宣传栏也公布过几封咒骂共产党的匿名信，叫大家认辨字体，协助破案。1956年"公私合营"，即对城市个体工商业进行社会主义改造时，大街上经常遇到敲锣打鼓传送合营喜报的人群，当时我们这些小学生对公私合营也偶有议论。我们班有个于伟天同学，父亲是唐山有名的天乐剧场的大股东，当时把全部资产合了营；我们班刘文华同学父亲也是资本家，解放不久捐出半条街的房产。刘文华家住同善里，小时候我经常到他家去玩儿，院落好像一个大观园，门洞几进几出，房子雕梁画栋，室内尽是珍宝古玩。"反右"前，我们学校院子里也用铁丝抻着挂了几排小字报，听说是给学校领导提的意见。当时我们这些小学生在这些小字报中间钻来钻去，好奇地挤着看。不久，教我们音乐的一位姓白的老师消失了，据说是有"反党言论"——被打成了"右派"。我们班一个叫张久宁的文静女孩儿也突然转了学，据说也是因为她父亲是"右派"，随她父亲去了外地。"反右"过后不久，我们学校一个姓安的女教师突然被开除公职，原因我不清楚，据说她解放前做过官太太。后来我几次在农贸市场上见到这位模样俊俏的安老师摆摊卖东西，精神颓废，不停地吸烟，枯瘦的手指被熏得焦黄，几年后病死了。

这些运动中，"大跃进"留给我的记忆最为深刻。"大跃进"开始时，全国上下都昂扬着一种团结奋进的激情，"鼓足干劲，力争上游，多快好省地建设社会主义"——成了那个时代的主旋律。但是，很快这个主旋律就被"浮夸风"吹得变了调。谈到"浮夸风"，当时我们学校进门墙壁上曾有一条不断改写的标语，让我记忆深刻：这条标语最初写的是

图8 张久宁同学。小学毕业后，张久宁随"右派"父亲调离唐山，从此同学们和她失去联系。张久宁性情温和，如今我们"刘屯同班小同学"的微信群，对她多有怀念。

163

"十五年超过美国";可时间不长,就改为"赶上美国不要十五年";很快,标语又换成"三年超英(国),七年赶美(国)"。记得有一次,刘恩选校长给全校师生作报告,讲到"三年超英(国),七年赶美(国)"的意义时,不无兴奋地说:"这个不在话下,现在我们国家生产的鸵鸟牌墨水已经超过美国啦!"

1958年是个风调雨顺的年头,这一年农业大丰收。记得那年秋后,我和班里一个叫于儒章的同学到郊外刨白薯,这块地已经被农民收获过,但好像没收似的,我们刨出来的白薯又大又多。那时各行各业都讲"放卫星""报喜讯",农业上浮夸产量更是盛行,说什么粮食亩产过黄河、过长江,达到了几千几万斤,白薯亩产更是吹乎到十几万、几十万斤。那时父亲有一个紫皮笔记本,我见过上面有一张照片,一个小孩站在稻田上面让记者拍照,照片的标题是:"看,阿廖沙站得多稳!"多年后听说,画面上小孩脚下的稻子,是从别的稻田里搬来的。

"大跃进"的一项重要内容,就是"全民大炼钢铁"。那时,到处张贴着"钢铁元帅升帐"的宣传画,刷写着"全民为完成1070万吨钢指标而奋斗"的标语。当时街道都给各家各户分配了捐献钢铁的具体指标,好多家庭为了多捐献钢铁,把锅盆炊具都给拆了砸了,把门窗箱柜上带铜带铁的物件撬下来。我清楚记得,当时老师也给我们分配了捐献指标,我领到任务后,在家翻腾了半天,发现有两套木匠锛子的锛头是铁的,母亲允许我捐一套,我比来比去把好的那套捐献了。我家附近居民捐献的破钢烂铁,最后都集中存放在刘屯小学院内,堆得像小山一样。这些东西后来无人管理,我们这些小孩见里面有长矛、大刀、九节鞭、洋枪,往往趁人不注意,偷走去玩儿。

为了支持"钢铁元帅升帐",我们学校分工是:高年级同学拿着小锤、柳筐到市北边的山上去采矿石，我们这些低年级同学则到附近公路上捡焦炭。那时公路上拉送炼钢焦炭的车辆川流不息，有时一辆汽车拉着七八节乃至十几节车厢，像火车似的在公路上缓缓游动。由于焦炭散落得很多，我和同学们守候在路边来来回回地捡，一会儿就是一布袋、一小筐。

这时学校操场上，搭起一片"炼钢"的炉灶，到处烟熏火燎、人声鼎沸。这些炉灶，大的像烤白薯的烘炉，配着鼓风机；小的就是四块坯一戳一围，配个风箱。人们把矿石碎铁送进这些炉灶熔化后，烧成黑不溜秋的铁疙瘩，然后就敲锣打鼓到办事处、到区政府去报喜，说是："出钢啦！"

"大跃进"运动前后，中小学生参加义务劳动、参加各种社会活动十分活跃，其中"除四害"——大搞爱国卫生运动，是我们这些小学生较为持久的一项社会活动。那时，每到春季，学校都给每个班级、每个学生分配消灭苍蝇、老鼠等的"除四害"指标。为完成指标，每个小学生都备有苍蝇拍，下学后到垃圾堆旁打苍蝇，到臭水沟旁挖蝇蚊蛹虫，打到的苍蝇、挖到的蛹虫都细心存放在自己动手叠制的小纸盒里，攒足数量交给老师。秋后是鼠害最为严重的季节，这时我们小学生总是三个五个搭成一伙，拿着小镐到郊外田野里去找鼠窝，找到鼠窝就用镐刨，用水灌烟熏。逮住老鼠后，把尾巴剪掉交给老师，鼠粮带回家洗干净吃掉。

我是1960年夏季从刘屯小学毕业的，以后十几年很少再回去看看，和教过我的那些老师也少有联系。后来听说，周丽章老师在唐山大地震中罹难，王淑媛老师和刘恩选校长分别在2001年前后、2005年前后病逝，侯淑英老师后来调到解放路小学，多年前我曾几次见过她，假如今天还健在的话，侯

图9 1957 年 7 月，妈妈在庭院里和妹妹、侄女和侄子留影。妹妹、侄女和侄子当时或后来都是我的刘屯小学小校友。

老师应该是九旬开外的人了。刘屯小学 20 世纪 70 年代初改为唐山第四十一中学，1976 年 7 月 28 日唐山发生大地震，这里的校舍全部被震毁。震后四十一中曾重建，可惜由于此地已不属规划区，随着居民的陆续迁走，学校最终停办。今天我站在这片废墟上，透过凄凉和伤感，满脑子流淌的就是这段美好记忆……

参加民兵训练的回忆

曾彩霞

我这一生，从事过许多职业，工农商学兵，无一不曾涉及。只不过我当的"兵"，不是真正的解放军，而是民兵，但也接受过正规的军事训练，打过枪，投过弹。那一段参加民兵训练的经历，每每想起，心头还是会涌出无限荣光和自豪；闲暇时间，欣赏当年那张已泛黄的旧照，思绪仍会飘回那激情岁月，引发无限的感慨。

"飒爽英姿五尺枪，曙光初照演兵场。中华儿女多奇志，不爱红装爱武装。"照片上，我们八个青春飞扬的少女，昂首挺胸，端着三八式自动步枪，在城郊山谷里的打靶场边，留下了一生为之自豪的倩影。一转眼几十年过去了，岁月无情，世事难料，前排左一与后排左一的两位战友，早已因病离开人世；其余的队员，在各自的人生道路上各奔东西，有的甚至再也不曾相见过。尽管如此，当年大家在训练中结下的深厚情谊，我从不曾忘怀。

那是20世纪80年代初，我们刚进单位不久，单位领导就组织我们八名女队员与四名男队员，组成一个民兵班，由一位刚退伍的军人任教练，进行为期三个月的脱产军事训练。我们个个兴奋不已，摩拳擦掌，希望成为在电影上经常出现的、荷枪实弹的民兵战士。在教练的带领下，我们拉开了操练的序幕。时值冬季，我们不惧风雨，不畏寒冷，在单位的操场上摸爬滚打，一招一式，完全按照部队的规范来，光是立正、稍息、齐步走就练了好几个星期，练得大家腰酸背痛腿僵硬，不过我们都很珍惜这次训练的机会，没有一个叫苦叫累的，更没有一个不按要求做的。记得有一次，在草地上匍匐前进时，一个男队员前面有一洼积水，他犹豫中，被教练踹了一脚，那位队员就立即从积水中爬了过去，弄得满身泥浆。在训练中，有时会突然下起雨来，只要教练不下令休息，我们就任由冰冷的雨水洒

民兵训练后的合影。前排右一是笔者。

落在身上。射击瞄准训练，在教练的要求下，我们趴在地上，反复练习瞄准要领"三点一线"，即步枪的"准星""缺口"和前方的"目标"三点要在一条直线上，这样才能提高射击的精准度。这看起来似乎容易，实际上并不容易，因为端着枪，手总是打战，手一打战，三点就很难成一线。为了达到要求，我们趴在地上，端着枪，一端就是大半天，眼睛也发胀了，手臂也酸了，但仍然难以控制住手打战。教练要求每个人要训练得让这些感觉消失才能过关，在那关键的几天里，我们吃饭端着碗手都发抖。但大家咬紧牙关，终于闯过难关。在射击训练的同时，我们还要进行拆枪、装枪、装弹、卸弹训练。教练要求我们勤学苦练，了解、熟悉步枪零部件的构造，以及步枪的工作原理；还要求我们发扬团结互助的精神，相互竞赛，以此来提高手动速度。让我们更为难的，有时还要进行蒙眼拆枪、装枪练习，为了达到要求，大家练得手都起了血泡，还不肯休息。真是功夫不负有心人，尽管我们一路艰辛，但我们还是坚持下来了，而且人人都过关了。

经过两个月的艰苦训练，我们迎来了第一次实弹射击，以检查我们这一段训练成果。我们既兴奋又紧张，在教练与有关人员的陪同下，我们来到了城郊的打靶场，蹲在射击坑道里，按照训练的程序，装好子弹，枪托紧贴肩膀，调整呼吸，眼睛瞄准靶心，做到三点一线，尽管这些动作在训练的时候，已做过千百遍，但一旦真枪实弹，心还是不由自主地绷成了一根弦，手也禁不住颤抖。一发子弹射出，子弹出膛的冲击力，使我手力无定准，感觉子弹不知飞到了哪里，声响如雷，震耳欲聋，从小很怕雷声的我竟吓得不知所措，真想找个地方躲起来，好在有队员壮胆，教练鼓励，到底把弹夹的子弹全部打完。和我

"同病相怜"的个子最矮小的女队员，竟在射击中吓得掉下了眼泪，毕竟我们"生在红旗下"，没有听到过枪炮声。这次实弹打靶，成绩最好的是男队员，我们这些女队员，大多垂头丧气。我这才体会到，战场上的炮声隆隆，该是一种怎样的悲壮场面，也才由衷地敬佩那些在枪林弹雨中走过的勇士们，也为自己的行为而脸红。

打靶回来，在后一段的训练中，大家都在心里铆足了一股劲，争取能在下一次取得好成绩。一晃最后的表演来临了，这一次去现场观摩的有单位领导、行业领导，以及人武部领导，在打靶场上，我们不仅要进行射击表演，还要投掷货真价实的手榴弹。这一次，我们信心百倍，当射击命令下达后，我们沉着、冷静地有序地瞄准目标，一阵枪响过后，只听得报靶员"十环""九环""十环"声音不断唱响，真是捷报连连。这一次表演，我同样也克服了恐惧心理，沉着应战，取得几个十环的好成绩。投掷手榴弹的时候，我们一个个依次从坑道里一跃而起，将手榴弹准确无误地投到了规定范围，圆满地完成了任务。

硝烟散尽，我们胜利而归。回想这三个月来的艰苦训练，感慨万千。为了纪念这次民兵训练，我们几个女队员，在打靶旁边的树林里，留下这一张珍贵的照片，让这段不平凡的岁月永远珍藏在我们各自的心里，伴我们走过人生的里程。这时有队员带头唱起："日落西山红霞飞，战士打靶把营归，胸前红花映彩霞，愉快的歌声满天飞……"那歌声高亢嘹亮，久久在山谷回荡，至今也还在我的耳边萦绕。

在海门驻防的日子

黄建栋

三年前我在南通拜访了几位军队离休干部，在颜伯凡老人家里看到了一张泛黄的老照片（图1），照片上方写有"华东警备第九旅审计会议全体合影一九五〇 . 八 . 二四 . 于海门城"。照片上身着五〇式军装，头戴镶有"八一"五星帽徽的帽子，佩戴着"中国人民解放军"胸章的指战员们，个个精神抖擞，英姿焕发，于是我问起颜老的革命经历以及他和部队在南通和海门的故事。

颜老虽然已经八十多岁了，但回忆起六十多年前的部队生活，思路清晰，滔滔不绝。他说："1947年我在南通恒泰布庄当学徒时，在南通二吾照相馆拍了人生第一张照片（图2）。二吾照相馆开办于1914年，当年得到张謇支持，为南通当时规模最大、设备最好的照相馆，馆名为张謇所题。1949年初，为响应毛泽东主席提出的'将革命进行到底''打过长江去，解放全中国'的口号，我踊跃报名参军并下定决心，一定要在部队干出个名堂来。我参军后，在苏北军区南通军分区教导大队当了一名战士（图3），司令员就是赫赫有名的彭寿生将军。"

颜老找出一张在海门通棉三厂拍的照片（图4），讲了他驻防海门的故事："1949年下半年，我调到华东警备九旅，旅长温逢山，政委冯国柱。长江以北和上海解放后，为加强长江口的江防任务，我们奉命驻防在海门，旅部就设在海门茅家镇，我们二十五团驻扎在三厂镇大生三厂里，密切关注长江口的敌情，准备随时出击，空闲时进行紧张的训练和学习。那年10月的一天，我戴着军帽，身穿军装，打着绑腿在厂区东边的河边拍了一张照片，岸边有茂密的树木，这张照片我至今还保存着。"

"1950年3月，我被领导选送参加旅部举办的供给处培训班，到崇明南堡学习，当时崇明县隶属江苏南通管辖，也是华东警备九旅的防区，供给处是负责部队财务经济、后勤保障的

图1　1950年8月，华东警备九旅于海门召开审计会议。

图2 1947年，颜伯凡在张謇创办的二吾照相馆留影。

图3 1949年4月，颜伯凡参军后留影。

机关。当时培训的时间定为一年，培训了一个阶段后，由于我的文化基础比较好，分配到二十五团的审计部门。当年对审计干部的选任条件十分严格，一是要有相当的政治水平，作风正派，经济观点正确，有工作威信，并对部队工作熟悉；二是积极负责，大公无私，埋头苦干，善于坚持原则；三是有相当文化水平与工作经验。我一边参加培训一边进行审计，通过学习，我了解到：军队审计机关十分重要，审计人员必须依法、独立对军队各级部队的收支、国有资产，以及有关经济活动进行审查。1949年6月，中央军委颁发《中国人民革命军事委员会后勤部供给制度（草案）》，统一了全军审计制度。1950年上半年，二十五团驻守常乐镇，我们开始对各个连队进行审计，那时我们对各个营部、连队的物资、账目的审计一丝不苟，那年

8月警备九旅在海门召开审计会议，总结渡江战役以后一年多来部队经济审查的经验教训。1950年10月，华东军区命令，华东警备第九旅改称步兵第一〇二师，所属警备第二十五、第二十六、第二十七团依次改称步兵第三〇四、第三〇五、第三〇六团，仍属苏北军区建制领导，这样华东警备九旅的番号就不再使用了。

图4 *颜伯凡于海门通棉三厂留影。*

图 5 1950 年 3 月，华东警备九旅供给处在海门常乐农村驻扎。

"1951 年 4 月，一〇二师奉令改编为农业建设第四师，由南通海门县转驻射阳县六垛，创办国营淮海农场，我们离开了美丽的江海平原，去苏北开垦荒地。解放战争时期部队的番号根据国内战争的形势，经常改变，干部也经常调动，从一开始参军是南通军分区教导大队三队，后来是华东警备九旅二十五团，步兵第一〇二师三〇四团，最后是农建十团。"

现在颜老每年还要和他的战友相聚几次。2009 年 6 月 15 日，为纪念参军六十周年，南通军分区原教导大队三队部分战友在南通钟楼广场前合影留念。这次聚会的共有七人，都是八十多岁的老人，虽已耄耋之年，但昂首挺胸，仍保持着军人的形象。颜老说，他们几个是南通老乡，一起参军，一起打仗，一起到农场开荒，现在一起安度晚年。

在母亲的怀抱里

王泽群

我落生在贵州。是三月。

父亲说，那个地儿有一座文峰山，有一条倒天河，"文峰山"，"倒天河"，都很有气势；所以你以后如果写自传，你就是出生在文峰山下，倒天河畔。

我深深地记住了。

七十八年过去，我很珍惜这张照片。我们姊妹五个，只有母亲抱着我照过这样一张母子合影（图1），他们都没享受过这种"殊荣"。

七十八年过去，我走遍了大半个世界，也几乎走遍了全国（除了台湾），贵州也走过了半个，唯独没有再回我落生的地方——毕节。那一次，我到了贵阳，决定要去毕节看看，但贵州的朋友说那路比较险，最好不要去。因为是朋友接待的，朋友说了，我便不好勉强，没有去。现在看来，再去一次看看我落生的地方，只能是一个"梦"了。

真是遗憾。

那时候，正是抗日战争胜利前夕。

图 1 母亲与我。1945 年于贵州毕节。

父母亲都是教育工作者，此前为了不在日本鬼子的占领区生活、做事，他们一直在退，一直在退，一直在退……从西安退到长沙，从长沙退到贵阳，最后退到贵州的毕节。父亲在毕节师范做校长，母亲在那里做老师。那时候，我懵懂未省事，但从照片上看我的一双眼睛，一直在朝前直视，一直在朝前直视，一直在朝前直视。应该是完全懵懂的我知道，我的一生的命运是从毕节开始了。

照这张照片一个月后，抗日战争胜利结束了。举国欢腾，举家欣慰，远在毕节的父亲，动了回返故乡青岛的念头，但他们没有回青岛的路费。于是他们就带着三个孩子，一站一站地走。走到贵阳，教两个月的书，拿到些工资，再走；走到长沙，再教了三个月的书，才积攒了可以到上海，然后从上海乘船回青岛的路费。

毕竟是那个时代，师资非常缺乏。父亲母亲就是这样，两

图 2 父亲王桂浑，母亲罗江云。1938 年或是 1939 年，抗日流亡途中，在陕西城固西北联大。

个月挪一个地方，三个月挪一个地方，也都能即时找到工作，挣到点儿工资，积攒点儿银子回了青岛。现在想这么做，恐怕还不容易呢！

到了青岛，他们到青岛市教育局报到，立刻就被安排到沧口中学，父亲做教务主任，母亲做教师。大概干了不到一个学期吧，教育局就通知父亲，请他去做青岛师范的校长——毕竟父亲母亲都是北京师范大学教育系的高才生——那时候的青岛师范招的学生是高小毕业，读初专，父亲不同意去做这个校长。父亲说，你必须改成初中毕业，读中专，这样的毕业生才适合做教师，我才去做这个校长。教育局立刻同意了父亲的意见，把李村师范升格为中专资格。于是父亲就带着我们全家人，去做了青岛师范学校的校长。

这个师范学校培养了一大批人。新中国成立初期，青岛许多老师都是李村青岛师范学校的毕业生。

是 1947 年吧，父亲就在这个时候，掩护做地下工作的胶东特委。因为我的大姑就是胶东特委的地下工作者。她常常出入青岛，收集情报，几次被逮捕，都是父亲以师范学校校长的身份保释回来的。掩护大姑，也就等于掩护了胶东特委，这给党的地下工作以有力的支持。甚至，他的国民党区党部书记，都是胶东特委批准的。认为他有这样一个身份，更有利于掩护党的工作。所以，一解放，父亲即被任命为青岛市文化教育局第一副局长，主管青岛市的教育工作，主要负责中小学的教育。

由于父亲的工作能力受到了青岛市委、市政府的重视，在文化教育局分为教育局和文化局的时候，父亲就做了文化局局长，行政十一级，也算是高干了。

窃以为，作家柳青先生有几句话是正确的："人生的道路虽然漫长，但紧要处常常只有几步，特别是当人年轻的时候。"

1956 年，中共中央组织部、统战部在考察研究后，决定调父亲去民革中央做宣传部部长。而这时候，青岛市委、市政府恳切地挽留了他，并且通知他很快要发布他为青岛市副市长。父亲很喜欢青岛，感觉到青岛市委、市政府的信任，又可能"升"为副市长，就婉拒了中共中央组织部、统战部的调动——

那时候，还可以"婉拒"这么重要的调动——也真是让后来长大且成熟了的我很吃惊。但我以为：这或许是父亲此生的一个重大失误。因为那是 1956 年，那时候他如果去了民革中央做宣传部长，"反右"斗争中，他很可能得以避免被打为"右派"。而他留在了青岛做文化局局长，还兼着民革青岛市委的副主委，在"反右"斗争中被打成了"右派"。而母亲也因为一句话，"我以为校长也不一定要是共产党员，只要业务好，就可以做校长"，也被打成了"右派"。加上其他的原因，1958 年，我们家竟出了六个"右派"：父亲、母亲、伯父、舅舅、祖父、外祖父。其中三位还是"历史反革命"。

我们"母子合影"二十二年后（1966 年），母亲因不堪忍受凌辱，结束了自己的生命。

当然，我也做了二十二年的"右派"子女。

改革开放之后，政治比较稳定了，我便寻出这张居然在"文革"数次抄家中残留下的照片，请朋友放大装裱，一直放在我的工作室。每当写字需要沉思或是遇到坎坷的时候，我便会侧身看看这张照片——四个月的我和三十岁的母亲。

这是生命中的一瞬，也是我和母亲在一起的一生。

姥爷与他的女学生们的合影

白龙江

表弟送来一张很有年代感的老照片，照片的拍摄日期是1937年7月5日。此时正值全面抗战爆发之际，大后方的甘肃省甘谷县立柳湖女子小学校高级科第一班的女生即将毕业，姥爷（二排右二）和他的同仁都胸前佩戴着红花，满面春风地与女学生们拍下了这幅合影。

就当时来说，这些女学生的学历相当于五六十年代的高小文化程度，而且只有区区十四位女学生，可谓凤毛麟角。相比现在国人受教育的程度，那个年代，好多人无书可读，更不要说女学生了。从1933年起，我姥爷就担任了甘谷第一小学校长。同年10月还和他的大伯父张士鳌一起参与了甘谷县立东街女子小学的筹建。张士鳌先生出任校长。学校的同仁有李哲轩、张运昌、王卓汤、彭亚杰。王卓汤为教务主任。甘谷县立东街女子小学是甘谷县立柳湖女子小学的前身。

时过境迁，我们还能看到这幅八十余年前的照片也很不易，特别是当年年轻漂亮的女学生们。听老辈人讲，她们大多在新中国成立后都参加了工作，有的当了县属与村办学校的老师，还有的人担任了本县妇女委员会的工作。

甘谷縣立柳湖女子小學舉行高級科一班畢業典禮攝影 二十六年七月五日

中间一排右二为我姥爷张天俾

　　她们的名字分别是任婉贞、尹心灵、李玉屏、杨香玉、杨云英、杨兰英、杨菊英、宋淑兰、王春兰、王淑静、蒋淑巧、李琼芳、蒋淑英、宋玉芳。透过照片，我们知道：摄影是通过一个小孔一个视角，打量大千世界的窗口。即使多么小的世界，一个人，或是一群人，都可以通过镜头去呈现。同时，摄影也是我们对往昔岁月的回顾。我的姥爷，他是那个年代为数不多的县乡教育的实践者。20世纪50年代中期，我姥爷还担任过甘谷县政协的驻会委员，继续为甘谷的教育事业而尽一份自己的职责。尽管过去了八十多年，还是感谢摄影技术，将姥爷的形象留了下来。

一张半个世纪前的照片

侯玉珍

在我们家的相册中，有一张七十三年前的老照片。那是2006年10月我和老伴到山东看望大哥一家，受到哥嫂全家的热情款待。分别时，大哥沉思片刻，小心翼翼把一个小红布包递给我，说："这是哥送你的，好好珍藏吧！"我打开一看，是张我从没见过的照片，已经泛黄了。照片上，父母坐在中间，两边站着的两个姑娘很像是大姐二姐，还有俩小孩我不认识。照片背面还有文字。啊！1950年拍摄的。从大哥的话里我知道了有关这张照片的一段往事。

我的祖籍在河南省南乐县三坡村，祖祖辈辈都是老实巴交的农民，爷爷奶奶育有四男二女，我父亲是二儿子。大伯成家后生了六个女儿，父亲结婚第二年的1929年冬天，我的大哥降生到这个重男轻女的农民大家庭，作为家里的长孙，大哥那可是全家人的掌上明珠，有爷爷奶奶的撑腰，姐姐妹妹什么都让着他，受不得半点委屈，在家过着衣来伸手、饭来张口的舒坦生活。后来，二哥出生就夭折了，大哥的地位依旧。然而，随着日本全面侵华战争的爆发，抗日烽火风起云涌，看着山河破碎、家国不宁，我父亲瞒着爷爷奶奶离开家，参加了共产党，当了八路军。1942年遇到大灾荒，家里的日子变得更为艰难，那时叔叔伯伯们已分家，爷爷奶奶和残疾四叔跟着我们生活。为了活命，全家老弱病残八口人逃荒到山东范县（今属河南）。三哥已两岁，但因奶水不足、营养不良，骨瘦如柴，连路都不会走。有人劝母亲把他送人吧，可家人哪里舍得？屋漏偏逢连夜雨，他后来头上长了疮，因无钱医治，病情愈加严重，恶臭的脓血水往外流，蛆在里边蠕动，疼痛折磨着他幼小的身躯，他整日整夜无力地叫着："娘……娘……"看着痛苦的小儿子，母亲心如刀割，用锅底灰敷在他头上，大家用小棍把蛆从他头上挟出来。可这无济于事，不久，可怜的小哥哥，瞪着一双泪汪汪的大眼没了呼吸。全家人真是痛彻心扉！一家老小又逃亡

图1 1950年的家庭合影。中间坐者为父亲和母亲，两边分别为大姐和二姐，前排是笔者和表弟。

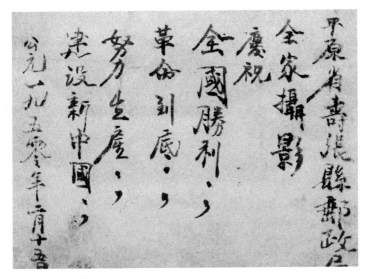

图2 合影背面题识

到郓城武安集，母亲日夜打工，爷爷拾破烂，奶奶带着孩子们冒着狗咬沿街乞讨，依然食不果腹，全家人挣扎在生死线上。1943年冬，劳累一辈子的爷爷在贫寒病饿中走到了人生的尽头。母亲跪着向人求得一张破席片把老人安葬在异乡。等返回家乡时，八口之家只剩六口人了！日子依然苦不堪言，遭到中国人民抗击的日本鬼子不甘失败，变本加厉，鬼子汉奸一到村里就抓八路抓抗属，烧杀抢掠，无恶不作。全家人整日东躲西藏如履薄冰，提心吊胆。面对残暴的敌人，中国人民决不屈服，我母亲也悄悄地参加了共产党，成为地下抗日女村长，组织乡亲们做军鞋、筹军粮，家里成了地下联络点，母亲多次掩护八路军和党的干部。可鬼子汉奸经常来村里，大哥已有两次被抓去修炮楼，母亲看着唯一已长成小伙的儿子，发起愁来："万一儿子有个三长两短，这日子怎么过？"这成了母亲的心病。母亲是个大字不识一个的裹脚村妇，但她深明大义，苦思多日，她想起"岳母刺字"中的岳母，她要像岳母一样，要送子参军"精忠报国"。一天深夜父亲路过来家，夫妻俩商量此事，一拍即合，可奶奶死活不同意，父母就动之以情，晓之以理，奶奶勉强同意了。就这样，我那当八路军的父亲和文盲小脚母亲忍痛割爱，把自己尚不满十五岁的唯一儿子送去了抗日战场！大哥走时我还没出生。然而造化弄人，大哥一走就是六年多，没有一点音信。这可把全家人急坏了，奶奶思念孙子、父母牵挂儿子之情可想而知！度日如年啊！直到1950年初，父亲才与大哥联系上。原来日本鬼子投降后，为了解放全中国，大哥随大部队南下，已打到广西。父母得信，喜极而泣。

那时父亲在寿张县工作，母亲带着我们姐仨和三姨家的小表弟去探亲，父亲立即带着我们去拍了这张照片，这张我人生中第一张照片。父亲参加八路军后学了文化，他在照片背面还写了"庆祝全国胜利；革命到底；努力生产；建设新中国——公元一九五零年二月十五日"。照片随着家信辗转几个月才到了大哥手里，看着苦苦思念的父母、妹妹弟弟，百感交集的他泪水一涌而出……父母又期盼了两年，大哥才回家探亲！整整八年，一家人终于团聚了！

从小父母都教育我们"好好学习，多长本事，精忠报国"。1965年我以优异成绩考入中国人民解放军军事电信工程学院，和我的丈夫成了同学、战友。毕业后我被分配到空军某部，后又调至陆军，因为我和丈夫军人的身份，多年来远离家乡，我们不能在父母身边尽孝，常常感到心中愧疚，曾提出要转业以孝双亲。然而父母千里鸿雁严厉批评：你们要以国为家，自古忠孝不能两全，但你们对国家的忠诚就是对父母的大孝，以国家需要为重，精忠报国是你们的终生信条！父母的鞭策让我们守住初心，在部队踏踏实实勤勤恳恳工作四十余年，立过功受过奖，直到退休。

时代交替之际的"斯文"

冯克力

1949年1月31日北平和平解放，新政权对城市的接管随即全面展开。

还在入城以前，北平军管会主任叶剑英即对文化部门的接管做出指示，他再三强调："对文化接管要慎重，尊重文化界，要斯斯文文地对待他们。"（见王涵《1949年徐悲鸿与江丰的会面》）

从作者王涵的叙述可知，负责接管国立北平艺术专科学校的艾青、江丰等人，严格执行了叶剑英的上述指示，对校长徐悲鸿以下的文教人员相敬如宾，投之以李，端的是在"斯斯文文"地开展工作。而徐悲鸿们也报之以桃，全面配合新政权的接管，徐悲鸿并诚心反省道"我虽然提倡写实主义二十余年，但未能接近劳苦大众"。今后的方向，"都以毛泽东先生的文艺政策为依据，以工农兵为题材的主体"。不久，徐悲鸿被推选为出席"第一届世界保卫和平大会"的代表，出访捷克斯洛伐克和苏联。会中闻知南京被解放军攻克，群情激昂，参会者纷纷与中国代表相拥庆贺。受此感染，徐悲鸿回国后创作了巨幅中国画《在世界和平大会上听到南京解放的消息》。此作画风一改，主题鲜明，"也是他发自肺腑地为新中国诞生奋袂欢呼的献礼作品"。

几乎是在同时，踊跃向新中国的"献礼"之举，也发生在一艘从香港悄然开出的简陋客轮上。（见朱相如《取道烟台的"知北游"》）船上的"乘客"，悉为在中共地下党安排下秘密前往北平参加新政协会议的代表。在被浪漫地冠以"知北游"的六天航程中，这些才高八斗、闻名遐迩的文化教育界的名流们，诗兴大发，生生把一次风险四伏的海上航行，变成了一台高端赛诗会。他们怀着美好的憧憬，满腔豪情，去拥抱行将诞生的新中国。他们或抒情，或言志，或歌颂……显见地，在这次迎向新中国的航行中，这些一向斯斯文文的文化教育界的名流们，个个摩拳擦掌，跃跃欲试。而大革命时曾经在党的宋云彬，此时更不会拿自己当外人，针对正在举行中的国共和平谈判，直言献策道："大军应作渡江计，国是岂容筑室谋。"

说到"斯文"，还要提到一位"小人物"——王桂浑。当然，说他是小人物，乃是与上面那些赫赫名士们相比。（见王泽群《在母亲的怀抱里》）王桂浑早年从北京师范大学毕业后，辗转各地，一直默默从事教育工作，抗战胜利后出任青岛李村师范学校校长。1949年春青岛解放，王桂浑被任命为青岛市文化教育局第一副局长，旋升任分署后的文化局局长。

无论王桂浑后来的经历怎样，也都不妨把那时对他的重用，看作是新政权对其"斯文"的某种礼遇吧。